TRANZLATY

La Langue est pour tout le Monde

Jezik je za sve

L'appel de la forêt

Zov divljine

Jack London

Français / Hrvatski

Dans le primitif
U primitivno doba

Buck ne lisait pas les journaux/
Buck nije čitao novine.
S'il avait lu les journaux, il aurait su que des problèmes se préparaient.
Da je čitao novine, znao bi da se spremaju problemi.
Il y avait des problèmes non seulement pour lui-même, mais pour tous les chiens de la marée.
Nije bilo problema samo za njega, već za svakog psa s plime.
Tout chien musclé et aux poils longs et chauds allait avoir des ennuis.
Svaki pas jakih mišića i s toplom, dugom dlakom bit će u nevolji.
De Puget Bay à San Diego, aucun chien ne pouvait échapper à ce qui allait arriver.
Od Puget Baya do San Diega nijedan pas nije mogao izbjeći ono što ga je čekalo.
Des hommes, tâtonnant dans l'obscurité de l'Arctique, avaient trouvé un métal jaune.
Muškarci, pipajući u arktičkoj tami, pronašli su žuti metal.
Les compagnies de navigation et de transport étaient à la recherche de cette découverte.
Parobrodske i transportne tvrtke su jurile za otkrićem.
Des milliers d'hommes se précipitaient vers le Nord.
Tisuće muškaraca jurilo je u Sjevernu zemlju.
Ces hommes voulaient des chiens, et les chiens qu'ils voulaient étaient des chiens lourds.
Ti su muškarci htjeli pse, a psi koje su htjeli bili su teški psi.
Chiens dotés de muscles puissants pour travailler.
Psi s jakim mišićima za naporan rad.
Chiens avec des manteaux de fourrure pour les protéger du gel.
Psi s krznenim kaputom koji ih štiti od mraza.

Buck vivait dans une grande maison dans la vallée ensoleillée de Santa Clara.

Buck je živio u velikoj kući u suncem okupanoj dolini Santa Clara.

La maison du juge Miller s'appelait ainsi.

Zvala se kuća suca Millera.

Sa maison se trouvait en retrait de la route, à moitié cachée parmi les arbres.

Njegova kuća stajala je povučena od ceste, napola skrivena među drvećem.

On pouvait apercevoir la large véranda qui courait autour de la maison.

Mogla se vidjeti široka veranda koja se proteže oko kuće.

On accédait à la maison par des allées gravillonnées.

Do kuće se dolazilo šljunčanim prilazima.

Les sentiers serpentaient à travers de vastes pelouses.

Staze su se vijugale kroz prostrane travnjake.

Au-dessus de nos têtes se trouvaient les branches entrelacées de grands peupliers.

Iznad njih su se ispreplitale grane visokih topola.

À l'arrière de la maison, les choses étaient encore plus spacieuses.

U stražnjem dijelu kuće stvari su bile još prostranije.

Il y avait de grandes écuries, où une douzaine de palefreniers discutaient

Bile su tu velike štale, gdje je desetak konjušara čavrljalo

Il y avait des rangées de maisons de serviteurs recouvertes de vigne

Bili su tu redovi kućica za sluge obloženih vinovom lozom

Et il y avait une gamme infinie et ordonnée de toilettes extérieures

I postojao je beskrajan i uredan niz vanjskih pomoćnih zgrada

Longues tonnelles de vigne, pâturages verts, vergers et parcelles de baies.

Dugi nasadi vinove loze, zeleni pašnjaci, voćnjaci i nasadi bobičastog voća.

Ensuite, il y avait l'usine de pompage du puits artésien.

Zatim je tu bilo crpno postrojenje za arteški bunar.

Et il y avait le grand réservoir en ciment rempli d'eau.

I ondje je bio veliki cementni spremnik napunjen vodom.

C'est ici que les garçons du juge Miller ont fait leur plongeon matinal.

Ovdje su se dečki suca Millera okupali ujutro.

Et ils se sont rafraîchis là-bas aussi dans l'après-midi chaud.

I rashladili su se tamo u vruće poslijepodne.

Et sur ce grand domaine, Buck était celui qui régnait sur tout.

I nad ovim velikim područjem, Buck je bio taj koji je vladao cijelim njime.

Buck est né sur cette terre et y a vécu toutes ses quatre années.

Buck je rođen na ovoj zemlji i ovdje je živio sve svoje četiri godine.

Il y avait bien d'autres chiens, mais ils n'avaient pas vraiment d'importance.

Doista je bilo i drugih pasa, ali oni nisu bili zapravo važni.

D'autres chiens étaient attendus dans un endroit aussi vaste que celui-ci.

Na tako prostranom mjestu očekivali su se i drugi psi.

Ces chiens allaient et venaient, ou vivaient à l'intérieur des chenils très fréquentés.

Ti su psi dolazili i odlazili ili su živjeli unutar prometnih uzgajivačnica.

Certains chiens vivaient cachés dans la maison, comme Toots et Ysabel.

Neki psi su živjeli skriveni u kući, poput Tootsa i Ysabel.

Toots était un carlin japonais, Ysabel un chien nu mexicain.

Toots je bio japanski mops, Ysabel meksički pas bez dlake.

Ces étranges créatures sortaient rarement de la maison.

Ova čudna stvorenja rijetko su izlazila iz kuće.

Ils n'ont pas touché le sol, ni respiré l'air libre à l'extérieur.

Nisu dodirnuli tlo, niti njušili otvoreni zrak vani.

Il y avait aussi les fox-terriers, au moins une vingtaine.

Bilo je tu i foksterijera, najmanje dvadeset na broju.

Ces terriers aboyaient férocement sur Toots et Ysabel à l'intérieur.

Ovi terijeri su žestoko lajali na Tootsa i Ysabel u zatvorenom prostoru.

Toots et Ysabel sont restés derrière les fenêtres, à l'abri du danger.

Toots i Ysabel ostali su iza prozora, sigurni od zla.

Ils étaient gardés par des domestiques munies de balais et de serpillères.

Čuvale su ih kućne pomoćnice s metlama i krpama.

Mais Buck n'était pas un chien de maison, et il n'était pas non plus un chien de chenil.

Ali Buck nije bio kućni pas, a nije bio ni pas za pse.

L'ensemble de la propriété appartenait à Buck comme son royaume légitime.

Cijeli posjed pripadao je Bucku kao njegovo zakonito kraljevstvo.

Buck nageait dans le réservoir ou partait à la chasse avec les fils du juge.

Buck je plivao u akvariju ili išao u lov sa sučevim sinovima.

Il marchait avec Mollie et Alice tôt ou tard le soir.

Šetao je s Mollie i Alice u ranim ili kasnim satima.

Lors des nuits froides, il s'allongeait devant le feu de la bibliothèque avec le juge.

U hladnim noćima ležao je pred kaminom u knjižnici sa Sucem.

Buck a promené les petits-fils du juge sur son dos robuste.

Buck je vozio Sudčeve unuke na svojim snažnim leđima.

Il roula dans l'herbe avec les garçons, les surveillant de près.

Valjao se u travi s dječacima, pomno ih čuvajući.

Ils s'aventurèrent jusqu'à la fontaine et même au-delà des champs de baies.

Odvažili su se na fontanu, pa čak i prošli pored polja s bobicama.

Parmi les fox terriers, Buck marchait toujours avec une fierté royale.

Među foksterijerima, Buck je uvijek hodao s kraljevskim ponosom.

Il ignora Toots et Ysabel, les traitant comme s'ils étaient de l'air.

Ignorirao je Tootsa i Ysabel, tretirajući ih kao da su zrak.

Buck régnait sur toutes les créatures vivantes sur les terres du juge Miller.

Buck je vladao svim živim bićima na zemlji suca Millera.

Il régnait sur les animaux, les insectes, les oiseaux et même les humains.

Vladao je životinjama, kukcima, pticama, pa čak i ljudima.

Le père de Buck, Elmo, était un énorme et fidèle Saint-Bernard.

Buckov otac Elmo bio je ogroman i odan bernard.

Elmo n'a jamais quitté le juge et l'a servi fidèlement.

Elmo se nikada nije odvajao od Suca i vjerno mu je služio.

Buck semblait prêt à suivre le noble exemple de son père.

Buck se činio spremnim slijediti plemeniti primjer svog oca.

Buck n'était pas aussi gros, pesant cent quarante livres.

Buck nije bio baš toliko velik, težio je sto četrdeset funti.

Sa mère, Shep, était un excellent chien de berger écossais.

Njegova majka, Shep, bila je izvrstan škotski ovčar.

Mais même avec ce poids, Buck marchait avec une présence royale.

Ali čak i s tom težinom, Buck je hodao s kraljevskom prisutnošću.

Cela venait de la bonne nourriture et du respect qu'il recevait toujours.

To je dolazilo od dobre hrane i poštovanja koje je uvijek dobivao.

Pendant quatre ans, Buck a vécu comme un noble gâté.

Četiri godine Buck je živio kao razmaženi plemić.

Il était fier de lui, et même légèrement égoïste.

Bio je ponosan na sebe, pa čak i pomalo egoističan.

Ce genre de fierté était courant chez les seigneurs des régions reculées.

Takav ponos bio je uobičajen među udaljenim seoskim gospodarima.

Mais Buck s'est sauvé de devenir un chien de maison choyé.

Ali Buck se spasio od toga da postane razmaženi kućni pas.

Il est resté mince et fort grâce à la chasse et à l'exercice.

Ostao je vitak i snažan kroz lov i vježbanje.

Il aimait profondément l'eau, comme les gens qui se baignent dans les lacs froids.

Duboko je volio vodu, poput ljudi koji se kupaju u hladnim jezerima.

Cet amour pour l'eau a gardé Buck fort et en très bonne santé.

Ta ljubav prema vodi održavala je Bucka jakim i vrlo zdravim.

C'était le chien que Buck était devenu à l'automne 1897.

To je bio pas u kojeg se Buck pretvorio u jesen 1897.

Lorsque la découverte du Klondike a attiré des hommes vers le Nord gelé.

Kad je napad na Klondikeu povukao ljude na zaleđeni Sjever.

Des gens du monde entier se sont précipités vers ce pays froid.

Ljudi su iz cijelog svijeta hrlili u hladnu zemlju.

Buck, cependant, ne lisait pas les journaux et ne comprenait pas les nouvelles.

Buck, međutim, nije čitao novine niti je razumio vijesti.

Il ne savait pas que Manuel était un homme désagréable à fréquenter.

Nije znao da je Manuel loš čovjek u njegovom društvu.

Manuel, qui aidait au jardin, avait un problème grave.

Manuel, koji je pomagao u vrtu, imao je ozbiljan problem.

Manuel était accro aux jeux de loterie chinois.

Manuel je bio ovisan o kockanju na kineskoj lutriji.

Il croyait également fermement en un système fixe pour gagner.

Također je čvrsto vjerovao u fiksni sustav za pobjedu.

Cette croyance rendait son échec certain et inévitable.

To uvjerenje učinilo je njegov neuspjeh sigurnim i neizbježnim.

Jouer un système exige de l'argent, ce qui manquait à
Manuel.
Igranje po sustavu zahtijeva novac, kojeg Manuelu nije bilo.
Son salaire suffisait à peine à subvenir aux besoins de sa
femme et de ses nombreux enfants.
Njegova plaća jedva je uzdržavala njegovu ženu i mnogo
djece.
La nuit où Manuel a trahi Buck, les choses étaient normales.
U noći kada je Manuel izdao Bucka, sve je bilo normalno.
Le juge était présent à une réunion de l'Association des
producteurs de raisins secs.
Sudac je bio na sastanku Udruge uzgajivača grožđica.
Les fils du juge étaient alors occupés à former un club
d'athlétisme.
Sudčevi sinovi su tada bili zauzeti osnivanjem atletskog kluba.
Personne n'a vu Manuel et Buck sortir par le verger.
Nitko nije vidio Manuela i Bucka kako odlaze kroz voćnjak.
Buck pensait que cette promenade n'était qu'une simple
promenade nocturne.
Buck je mislio da je ova šetnja samo obična noćna šetnja.
Ils n'ont rencontré qu'un seul homme à la station du
drapeau, à College Park.
Na postaji za zastave, u College Parku, sreli su samo jednog
čovjeka.
Cet homme a parlé à Manuel et ils ont échangé de l'argent.
Taj je čovjek razgovarao s Manuelom i razmijenili su novac.
« Emballez les marchandises avant de les livrer », a-t-il
suggéré.
„Zamotaj robu prije nego što je dostaviš", predložio je.
La voix de l'homme était rauque et impatiente lorsqu'il
parlait.
Muškarčev glas bio je grub i nestrpljiv dok je govorio.
Manuel a soigneusement attaché une corde épaisse autour
du cou de Buck.
Manuel je pažljivo svezao debelo uže oko Buckovog vrata.
« Tournez la corde et vous l'étoufferez abondamment »
"Zavrni uže i dobro ćeš ga zadaviti"

L'étranger émit un grognement, montrant qu'il comprenait bien.

Stranac je promrmljao, pokazujući da je dobro razumio.

Buck a accepté la corde avec calme et dignité tranquille ce jour-là.

Buck je tog dana prihvatio uže s mirnim i tihim dostojanstvom.

C'était un acte inhabituel, mais Buck faisait confiance aux hommes qu'il connaissait.

Bio je to neobičan čin, ali Buck je vjerovao ljudima koje je poznavao.

Il croyait que leur sagesse allait bien au-delà de sa propre pensée.

Vjerovao je da njihova mudrost daleko nadilazi njegovo vlastito razmišljanje.

Mais ensuite la corde fut remise entre les mains de l'étranger.

Ali tada je uže predano u ruke stranca.

Buck émit un grognement sourd qui avertissait avec une menace silencieuse.

Buck je tiho zarežao, upozoravajući s tihom prijetnjom.

Il était fier et autoritaire, et voulait montrer son mécontentement.

Bio je ponosan i zapovjednički nastrojen te je namjeravao pokazati svoje nezadovoljstvo.

Buck pensait que son avertissement serait compris comme un ordre.

Buck je vjerovao da će njegovo upozorenje biti shvaćeno kao naredba.

À sa grande surprise, la corde se resserra rapidement autour de son cou épais.

Na njegov šok, uže se brzo stegnulo oko njegovog debelog vrata.

Son air fut coupé et il commença à se battre dans une rage soudaine.

Zrak mu je bio prekinuo i počeo se boriti u iznenadnom bijesu.

Il s'est jeté sur l'homme, qui a rapidement rencontré Buck en plein vol.

Skočio je na čovjeka, koji je brzo sreo Bucka u zraku.

L'homme attrapa Buck par la gorge et le fit habilement tourner dans les airs.

Čovjek je uhvatio Bucka za grlo i vješto ga zavrtio u zraku.

Buck a été violemment projeté au sol, atterrissant à plat sur le dos.

Buck je snažno pao na pod, sletjevši ravno na leđa.

La corde l'étranglait alors cruellement tandis qu'il donnait des coups de pied sauvages.

Uže ga je sada okrutno davilo dok je divlje udarao nogama.

Sa langue tomba, sa poitrine se souleva, mais il ne reprit pas son souffle.

Jezik mu je ispao, prsa su mu se nadimala, ali nije mogao udahnuti.

Il n'avait jamais été traité avec une telle violence de sa vie.

Nikada u životu nije bio tretiran s takvim nasiljem.

Il n'avait jamais été rempli d'une fureur aussi profonde auparavant.

Također nikada prije nije bio ispunjen tako dubokim bijesom.

Mais le pouvoir de Buck s'est estompé et ses yeux sont devenus vitreux.

Ali Buckova moć je izblijedjela, a oči su mu postale staklaste.

Il s'est évanoui juste au moment où un train s'arrêtait à proximité.

Onesvijestio se baš kad je u blizini zaustavio vlak.

Les deux hommes le jetèrent alors rapidement dans le fourgon à bagages.

Zatim su ga dvojica muškaraca brzo ubacila u prtljažni vagon.

La chose suivante que Buck ressentit fut une douleur dans sa langue enflée.

Sljedeće što je Buck osjetio bila je bol u otečenom jeziku.

Il se déplaçait dans un chariot tremblant, à peine conscient.

Kretao se u tresućim kolicima, tek jedva pri svijesti.

Le cri aigu d'un sifflet de train indiqua à Buck où il se trouvait.

Oštar vrisak zvižduka vlaka otkrio je Bucku njegov položaj.

Il avait souvent roulé avec le juge et connaissait ce sentiment.

Često je jahao sa Sucem i poznavao je taj osjećaj.

C'était le choc unique de voyager à nouveau dans un fourgon à bagages.

Bio je to onaj jedinstveni trzaj ponovnog putovanja u prtljažnom vagonu.

Buck ouvrit les yeux et son regard brûla de rage.

Buck je otvorio oči, a pogled mu je gorio od bijesa.

C'était la colère d'un roi fier déchu de son trône.

To je bio gnjev ponosnog kralja koji je zbačen s prijestolja.

Un homme a tenté de l'attraper, mais Buck a frappé en premier.

Čovjek je pružio ruku da ga uhvati, ali Buck je umjesto toga udario prvi.

Il enfonça ses dents dans la main de l'homme et la serra fermement.

Zarivao je zube u čovjekovu ruku i čvrsto je držao.

Il ne l'a pas lâché jusqu'à ce qu'il s'évanouisse une deuxième fois.

Nije pustio sve dok se drugi put nije onesvijestio.

« Ouais, il a des crises », murmura l'homme au bagagiste.

„Da, ima napadaje", promrmljao je čovjek nosaču prtljage.

Le bagagiste avait entendu la lutte et s'était approché.

Prtljažnik je čuo borbu i približio se.

« Je l'emmène à Frisco pour le patron », a expliqué l'homme.

„Vodim ga u 'Frisco zbog šefa", objasnio je čovjek.

« Il y a un excellent vétérinaire qui dit pouvoir les guérir. »

„Tamo ima dobar liječnik za pse koji kaže da ih može izliječiti."

Plus tard dans la soirée, l'homme a donné son propre récit complet.

Kasnije te večeri čovjek je dao svoj potpuni izvještaj.

Il parlait depuis un hangar derrière un saloon sur les quais.

Govorio je iz šupe iza saloona na dokovima.

« Tout ce qu'on m'a donné, c'était cinquante dollars », se plaignit-il au vendeur du saloon.

„Dobio sam samo pedeset dolara", požalio se vlasniku saloona.

« Je ne le referais pas, même pour mille dollars en espèces. »

„Ne bih to ponovio, čak ni za tisuću dolara u gotovini."

Sa main droite était étroitement enveloppée dans un tissu ensanglanté.

Desna ruka mu je bila čvrsto omotana krvavom krpom.

Son pantalon était déchiré du genou au pied.

Nogavica mu je bila širom razderana od koljena do pete.

« Combien a été payé l'autre idiot ? » demanda le vendeur du saloon.

„Koliko je druga krigla dobila?" upitao je vlasnik saluna.

« Cent », répondit l'homme, « il n'accepterait pas un centime de moins. »

„Sto", odgovori čovjek, „ne bi uzeo ni centa manje."

« Cela fait cent cinquante », dit le vendeur du saloon.

„To je ukupno sto pedeset", rekao je vlasnik saluna.

« Et il vaut tout ça, sinon je ne suis pas meilleur qu'un imbécile. »

„I vrijedi svega toga, inače nisam ništa bolji od glupana."

L'homme ouvrit les emballages pour examiner sa main.

Čovjek je otvorio omot kako bi pregledao ruku.

La main était gravement déchirée et couverte de sang séché.

Ruka je bila teško oštećena i prekrivena krastom osušene krvi.

« Si je n'ai pas l' hydrophobie... » commença-t-il à dire.

„Ako ne dobijem hidrofobiju...", počeo je govoriti.

« Ce sera parce que tu es né pour être pendu », dit-il en riant.

„To će biti zato što si rođen za vješanje", začuo se smijeh.

« Viens m'aider avant de partir », lui a-t-on demandé.

„Dođi i pomozi mi prije nego što kreneš", zamolili su ga.

Buck était dans un état second à cause de la douleur dans sa langue et sa gorge.

Buck je bio ošamućen od boli u jeziku i grlu.

Il était à moitié étranglé et pouvait à peine se tenir debout.

Bio je napola zadavljen i jedva je mogao stajati uspravno.

Pourtant, Buck essayait de faire face aux hommes qui l'avaient blessé ainsi.

Ipak, Buck se pokušao suočiti s ljudima koji su ga toliko povrijedili.

Mais ils le jetèrent à terre et l'étranglèrent une fois de plus.

Ali su ga bacili na pod i ponovno ga zadavili.

Ce n'est qu'à ce moment-là qu'ils ont pu scier son lourd collier de laiton.

Tek tada su mu mogli odrezati tešku mesinganu ogrlicu.

Ils ont retiré la corde et l'ont poussé dans une caisse.

Skinuli su uže i ugurali ga u sanduk.

La caisse était petite et avait la forme d'une cage en fer brut.

Sanduk je bio malen i oblikovan poput grubog željeznog kaveza.

Buck resta allongé là toute la nuit, rempli de colère et d'orgueil blessé.

Buck je ležao tamo cijelu noć, ispunjen gnjevom i povrijeđenim ponosom.

Il ne pouvait pas commencer à comprendre ce qui lui arrivait.

Nije mogao ni početi shvaćati što mu se događa.

Pourquoi ces hommes étranges le gardaient-ils dans cette petite caisse ?

Zašto su ga ti čudni ljudi držali u ovom malom sanduku?

Que voulaient-ils de lui et pourquoi cette cruelle captivité ?

Što su htjeli s njim i zašto ovo okrutno zatočeništvo?

Il ressentait une pression sombre, un sentiment de catastrophe qui se rapprochait.

Osjetio je mračan pritisak; osjećaj katastrofe koja se približava.

C'était une peur vague, mais elle pesait lourdement sur son esprit.

Bio je to nejasan strah, ali teško mu je obuzeo duh.

Il a sursauté à plusieurs reprises lorsque la porte du hangar a claqué.

Nekoliko puta je skočio kad su vrata šupe zatresla.

Il s'attendait à ce que le juge ou les garçons apparaissent et le sauvent.

Očekivao je da će se pojaviti Sudac ili dječaci i spasiti ga.

Mais à chaque fois, seul le gros visage du tenancier de bar apparaissait à l'intérieur.

Ali samo je debelo lice vlasnika krčme svaki put provirilo unutra.

Le visage de l'homme était éclairé par la faible lueur d'une bougie de suif.

Muškovo lice bilo je obasjano slabim sjajem lojaste svijeće.

À chaque fois, l'aboiement joyeux de Buck se transformait en un grognement bas et colérique.

Svaki put, Buckov radosni lavež se pretvorio u tiho, ljutito režanje.

Le tenancier du saloon l'a laissé seul pour la nuit dans la caisse

Vlasnik krčme ga je ostavio samog preko noći u sanduku.

Mais quand il se réveilla le matin, d'autres hommes arrivèrent.

Ali kad se ujutro probudio, dolazilo je još ljudi.

Quatre hommes sont venus et ont ramassé la caisse avec précaution, sans un mot.

Četiri muškarca su došla i oprezno podigla sanduk bez riječi.

Buck comprit immédiatement dans quelle situation il se trouvait.

Buck je odmah shvatio u kakvoj se situaciji nalazi.

Ils étaient d'autres bourreaux qu'il devait combattre et craindre.

Bili su to daljnji mučitelji protiv kojih se morao boriti i kojih se bojati.

Ces hommes avaient l'air méchants, en haillons et très mal soignés.

Ti su muškarci izgledali opako, otrcano i vrlo loše dotjerano.

Buck grogna et se jeta férocement sur eux à travers les barreaux.

Buck je zarežao i žestoko se bacio na njih kroz rešetke.

Ils se sont contentés de rire et de le frapper avec de longs bâtons en bois.

Samo su se smijali i bockali ga dugim drvenim štapovima.

Buck a mordu les bâtons, puis s'est rendu compte que c'était ce qu'ils aimaient.

Buck je zagrizao štapiće, a onda shvatio da je to ono što im se sviđa.

Il s'allongea donc tranquillement, maussade et brûlant d'une rage silencieuse.

Tako je legao tiho, namrgođen i gorio od tihog bijesa.

Ils ont soulevé la caisse dans un chariot et sont partis avec lui.

Digli su sanduk u kola i odvezli se s njim.

La caisse, avec Buck enfermé à l'intérieur, changeait souvent de mains.

Sanduk, s Buckom zaključanim unutra, često je mijenjao vlasnika.

Les employés du bureau express ont pris les choses en main et l'ont traité brièvement.

Službenici ekspresnog ureda preuzeli su stvar i kratko se pozabavili njime.

Puis un autre chariot transporta Buck à travers la ville bruyante.

Zatim su druga kola prevezla Bucka preko bučnog grada.

Un camion l'a emmené avec des cartons et des colis sur un ferry.

Kamion ga je s kutijama i paketima odvezao na trajekt.

Après la traversée, le camion l'a déchargé dans un dépôt ferroviaire.

Nakon što je prešao granicu, kamion ga je istovario na željezničkom kolodvoru.

Finalement, Buck fut placé dans une voiture express en attente.

Konačno, Bucka su smjestili u čekajući ekspresni vagon.

Pendant deux jours et deux nuits, les trains ont emporté la voiture express.

Dva dana i noći vlakovi su odvlačili ekspresni vagon.

Buck n'a ni mangé ni bu pendant tout le douloureux voyage.

Buck nije ni jeo ni pio tijekom cijelog mukotrpnog putovanja.

Lorsque les messagers express ont essayé de l'approcher, il a grogné.

Kad su mu se brzi glasnici pokušali približiti, zarežao je.

Ils ont réagi en se moquant de lui et en le taquinant cruellement.

Odgovorili su ismijavajući ga i okrutno ga zadirkujući.

Buck se jeta sur les barreaux, écumant et tremblant

Buck se bacio na rešetke, pjenušajući se i tresući se

ils ont ri bruyamment et l'ont raillé comme des brutes de cour d'école.

glasno su se smijali i rugali mu se poput školskih nasilnika.

Ils aboyaient comme de faux chiens et battaient des bras.

Lajali su poput lažnih pasa i mahali rukama.

Ils ont même chanté comme des coqs juste pour le contrarier davantage.

Čak su kukurikali kao pijetlovi samo da ga još više uznemire.

C'était un comportement stupide, et Buck savait que c'était ridicule.

Bilo je to glupo ponašanje, a Buck je znao da je smiješno.

Mais cela n'a fait qu'approfondir son sentiment d'indignation et de honte.

Ali to je samo produbilo njegov osjećaj ogorčenja i srama.

Il n'a pas été trop dérangé par la faim pendant le voyage.

Glad ga nije puno mučila tijekom putovanja.

Mais la soif provoquait une douleur aiguë et une souffrance insupportable.

Ali žeđ je donosila oštru bol i nepodnošljivu patnju.

Sa gorge sèche et enflammée et sa langue brûlaient de chaleur.

Suho, upaljeno grlo i jezik pekli su ga od vrućine.

Cette douleur alimentait la fièvre qui montait dans son corps fier.

Ta je bol hranila groznicu koja je rasla u njegovom ponosnom tijelu.

Buck était reconnaissant pour une seule chose au cours de ce procès.

Buck je bio zahvalan na jednoj jedinoj stvari tijekom ovog suđenja.

La corde avait été retirée de son cou épais.

Uže mu je bilo skinuto s debelog vrata.

La corde avait donné à ces hommes un avantage injuste et cruel.

Uže je tim ljudima dalo nepravednu i okrutnu prednost.

Maintenant, la corde avait disparu et Buck jura qu'elle ne reviendrait jamais.

Sada je uže nestalo, a Buck se zakleo da se nikada neće vratiti.

Il a décidé qu'aucune corde ne passerait plus jamais autour de son cou.

Odlučio je da mu se više nikada nijedno uže neće omotati oko vrata.

Pendant deux longs jours et deux longues nuits, il souffrit sans nourriture.

Dva duga dana i noći patio je bez hrane.

Et pendant ces heures, il a développé une énorme rage en lui.

I u tim je satima u sebi nakupio ogroman bijes.

Ses yeux sont devenus injectés de sang et sauvages à cause d'une colère constante.

Oči su mu postale krvave i divlje od neprestanog bijesa.

Il n'était plus Buck, mais un démon aux mâchoires claquantes.

Više nije bio Buck, već demon s pucketavim čeljustima.

Même le juge n'aurait pas reconnu cette créature folle.

Čak ni Sudac ne bi prepoznao ovo ludo stvorenje.

Les messagers express ont soupiré de soulagement lorsqu'ils ont atteint Seattle

Brzi glasnici su odahnuli s olakšanjem kad su stigli u Seattle

Quatre hommes ont soulevé la caisse et l'ont amenée dans une cour arrière.

Četiri muškarca podigla su sanduk i odnijela ga u dvorište.

La cour était petite, entourée de murs hauts et solides.

Dvorište je bilo malo, okruženo visokim i čvrstim zidovima.

Un grand homme sortit, vêtu d'un pull rouge affaissé.

Krupan muškarac izašao je u opuštenoj crvenoj džemperskoj košulji.

Il a signé le carnet de livraison d'une écriture épaisse et audacieuse.

Potpisao je knjigu dostave debelim i smjelim rukopisom.

Buck sentit immédiatement que cet homme était son prochain bourreau.

Buck je odmah osjetio da je ovaj čovjek njegov sljedeći mučitelj.

Il se jeta violemment sur les barreaux, les yeux rouges de fureur.

Silovito je nasrnuo na rešetke, očiju crvenih od bijesa.

L'homme sourit simplement sombrement et alla chercher une hachette.

Čovjek se samo mračno nasmiješio i otišao po sjekiru.

Il portait également une massue dans sa main droite épaisse et forte.

Također je donio palicu u svojoj debeloj i snažnoj desnoj ruci.

« Tu vas le sortir maintenant ? » demanda le chauffeur, inquiet.

„Hoćeš li ga sada izvesti?" upitao je vozač zabrinuto.

« Bien sûr », dit l'homme en enfonçant la hachette dans la caisse comme levier.

„Naravno", rekao je čovjek, zabijajući sjekiru u sanduk kao polugu.

Les quatre hommes se dispersèrent instantanément et sautèrent sur le mur de la cour.

Četvorica muškaraca su se odmah razbježala, skačući na dvorišni zid.

Depuis leurs endroits sûrs, ils attendaient d'assister au spectacle.

Sa svojih sigurnih mjesta gore, čekali su da gledaju spektakl.

Buck se jeta sur le bois éclaté, le mordant et le secouant violemment.

Buck se bacio na rascijepljeno drvo, grizući i silovito tresući.

Chaque fois que la hachette touchait la cage, Buck était là pour l'attaquer.

Svaki put kad bi sjekira pogodila kavez, Buck bi bio tamo da je napadne.

Il grogna et claqua des dents avec une rage folle, impatient d'être libéré.

Režao je i praskao od divljeg bijesa, željan da bude oslobođen.

L'homme dehors était calme et stable, concentré sur sa tâche.

Čovjek vani bio je miran i staložen, usredotočen na svoj zadatak.

« Bon, alors, espèce de diable aux yeux rouges », dit-il lorsque le trou fut grand.

„U redu, vraže crvenooki", rekao je kad je rupa postala velika.

Il laissa tomber la hachette et prit le gourdin dans sa main droite.

Ispustio je sjekiru i uzeo palicu u desnu ruku.

Buck ressemblait vraiment à un diable ; les yeux injectés de sang et flamboyants.

Buck je zaista izgledao kao vrag; oči su mu bile krvave i gorjele su.

Son pelage se hérissait, de la mousse s'échappait de sa bouche, ses yeux brillaient.

Dlaka mu se nakostriješila, pjena mu se izbijala na usta, a oči su mu svjetlucale.

Il rassembla ses muscles et se jeta directement sur le pull rouge.

Napeo je mišiće i skočio ravno na crveni džemper.

Cent quarante livres de fureur s'abattèrent sur l'homme calme.

Sto četrdeset funti bijesa poletjelo je na mirnog čovjeka.

Juste avant que ses mâchoires ne se referment, un coup terrible le frappa.

Neposredno prije nego što su mu se čeljusti stisnule, pogodio ga je strašan udarac.

Ses dents claquèrent l'une contre l'autre, rien d'autre que l'air

Zubi su mu škljocali samo u zraku

une secousse de douleur résonna dans son corps

trzaj boli odjeknuo mu je tijelom

Il a fait un saut périlleux en plein vol et s'est écrasé sur le dos et sur le côté.

Prevrnuo se u zraku i srušio se na leđa i bok.

Il n'avait jamais ressenti auparavant le coup d'un gourdin et ne pouvait pas le saisir.

Nikada prije nije osjetio udarac palicom i nije ga mogao shvatiti.

Avec un grognement strident, mi-aboiement, mi-cri, il bondit à nouveau.

Uz prodorno režanje, dijelom lavež, dijelom vrisak, ponovno je skočio.

Un autre coup brutal le frappa et le projeta au sol.

Još jedan brutalan udarac ga je pogodio i bacio na tlo.

Cette fois, Buck comprit : c'était la lourde massue de l'homme.

Ovaj put Buck je shvatio - bila je to čovjekova teška toljaga.

Mais la rage l'aveuglait, et il n'avait aucune idée de retraite.

Ali bijes ga je zaslijepio i nije pomišljao na povlačenje.

Douze fois il s'est lancé et douze fois il est tombé.

Dvanaest puta se lansirao i dvanaest puta je pao.

Le gourdin en bois le frappait à chaque fois avec une force impitoyable et écrasante.

Drvena toljaga ga je svaki put udarala nemilosrdnom, lomljivom snagom.

Après un coup violent, il se releva en titubant, étourdi et lent.

Nakon jednog žestokog udarca, teturavo se podigao na noge, ošamućen i spor.

Du sang coulait de sa bouche, de son nez et même de ses oreilles.

Krv mu je tekla iz usta, nosa, pa čak i ušiju.

Son pelage autrefois magnifique était maculé de mousse sanglante.

Njegov nekada lijepi kaput bio je umrljan krvavom pjenom.

Alors l'homme s'est avancé et a donné un coup violent au nez.

Tada je čovjek prišao i zadao mu žestoki udarac u nos.

L'agonie était plus vive que tout ce que Buck avait jamais ressenti.

Bol je bila oštrija od svega što je Buck ikada osjetio.

Avec un rugissement plus bête que chien, il bondit à nouveau pour attaquer.

S rikom više zvijerskom nego psećom, ponovno je skočio u napad.

Mais l'homme attrapa sa mâchoire inférieure et la tourna vers l'arrière.

Ali čovjek ga je uhvatio za donju čeljust i uvrnuo je unatrag.

Buck fit un saut périlleux et s'écrasa à nouveau violemment.

Buck se prevrnuo naglavačke i ponovno snažno pao.

Une dernière fois, Buck se précipita sur lui, maintenant à peine capable de se tenir debout.

Još jednom, Buck je jurnuo na njega, jedva stojeći na nogama.

L'homme a frappé avec un timing expert, délivrant le coup final.

Čovjek je udario s vještim tajmingom, zadavši konačni udarac.

Buck s'est effondré, inconscient et immobile.

Buck se srušio u hrpu, bez svijesti i nepomičan.

« Il n'est pas mauvais pour dresser les chiens, c'est ce que je dis », a crié un homme.

„Nije on loš u dresingu pasa, to kažem", viknuo je čovjek.

« Druther peut briser la volonté d'un chien n'importe quel jour de la semaine. »

„Druther može slomiti volju psa bilo koji dan u tjednu."

« Et deux fois un dimanche ! » a ajouté le chauffeur.

„I dvaput u nedjelju!" dodao je vozač.

Il monta dans le chariot et fit claquer les rênes pour partir.

Popeo se u kola i povukao uzde da krene.

Buck a lentement repris le contrôle de sa conscience

Buck je polako povratio kontrolu nad svojom sviješću

mais son corps était encore trop faible et brisé pour bouger.

ali tijelo mu je još uvijek bilo preslabo i slomljeno da bi se pomaknulo.

Il resta allongé là où il était tombé, regardant l'homme au pull rouge.

Ležao je tamo gdje je pao, promatrajući čovjeka u crvenom
džemperu.

**« Il répond au nom de Buck », dit l'homme en lisant à haute
voix.**

„Odaziva se na ime Buck", rekao je čovjek čitajući naglas.

Il a cité la note envoyée avec la caisse de Buck et les détails.

Citirao je poruku poslanu s Buckovim sandukom i detalje.

**« Eh bien, Buck, mon garçon », continua l'homme d'un ton
amical,**

„Pa, Buck, sine moj", nastavi čovjek prijateljskim tonom,

**« Nous avons eu notre petite dispute, et maintenant c'est fini
entre nous. »**

"Posvađali smo se već malo, a sada je među nama gotovo."

**« Tu as appris à connaître ta place, et j'ai appris à connaître
la mienne », a-t-il ajouté.**

„Naučio/la si gdje ti je mjesto, a ja sam naučio/la svoje", dodao
je.

« Sois sage, tout ira bien et la vie sera agréable. »

"Budi dobar i sve će biti dobro, a život će biti ugodan."

« Mais sois méchant, et je te botterai les fesses, compris ? »

„Ali budi zločest, i prebit ću te na smrt, razumiješ?"

**Tandis qu'il parlait, il tendit la main et tapota la tête
douloureuse de Buck.**

Dok je govorio, pružio je ruku i potapšao Bucka po bolnoj
glavi.

**Les cheveux de Buck se dressèrent au contact de l'homme,
mais il ne résista pas.**

Bucku se kosa digla na čovjekov dodir, ali nije se opirao.

**L'homme lui apporta de l'eau, que Buck but à grandes
gorgées.**

Čovjek mu je donio vode, koju je Buck popio u velikim
gutljajima.

**Puis vint la viande crue, que Buck dévora morceau par
morceau.**

Zatim je došlo sirovo meso, koje je Buck proždirao komad po
komadu.

Il savait qu'il était battu, mais il savait aussi qu'il n'était pas brisé.

Znao je da je poražen, ali je također znao da nije slomljen.

Il n'avait aucune chance contre un homme armé d'une matraque.

Nije imao nikakve šanse protiv čovjeka naoružanog palicom.

Il avait appris la vérité et il n'a jamais oublié cette leçon.

Naučio je istinu i nikada nije zaboravio tu lekciju.

Cette arme était le début de la loi dans le nouveau monde de Buck.

To oružje je bio početak zakona u Buckovom novom svijetu.

C'était le début d'un ordre dur et primitif qu'il ne pouvait nier.

Bio je to početak surovog, primitivnog poretka koji nije mogao poreći.

Il accepta la vérité ; ses instincts sauvages étaient désormais éveillés.

Prihvatio je istinu; njegovi divlji instinkti su sada bili probuđeni.

Le monde était devenu plus dur, mais Buck l'a affronté avec courage.

Svijet je postao suroviji, ali Buck se hrabro suočio s tim.

Il a affronté la vie avec une prudence, une ruse et une force tranquille nouvelles.

Život je dočekao s novim oprezom, lukavošću i tihom snagom.

D'autres chiens sont arrivés, attachés dans des cordes ou des caisses comme Buck l'avait été.

Stiglo je još pasa, vezanih užadima ili sanducima kao što je bio Buck.

Certains chiens sont venus calmement, d'autres ont fait rage et se sont battus comme des bêtes sauvages.

Neki su psi dolazili mirno, drugi su bjesnili i borili se kao divlje zvijeri.

Ils furent tous soumis au règne de l'homme au pull rouge.

Svi su dovedeni pod vlast čovjeka u crvenom džemperu.

À chaque fois, Buck regardait et voyait la même leçon se dérouler.

Svaki put, Buck je promatrao i vidio kako se odvija ista lekcija.

L'homme avec la massue était la loi, un maître à obéir.

Čovjek s palicom bio je zakon; gospodar kojeg treba poslušati.

Il n'avait pas besoin d'être aimé, mais il fallait qu'on lui obéisse.

Nije ga trebalo voljeti, ali ga je trebalo poslušati.

Buck ne s'est jamais montré flatteur ni n'a remué la queue comme le faisaient les chiens plus faibles.

Buck se nikada nije ulizivao niti mahao kao što su to činili slabiji psi.

Il a vu des chiens qui avaient été battus et qui continuaient à lécher la main de l'homme.

Vidio je pse koji su bili pretučeni i ipak su lizali čovjeku ruku.

Il a vu un chien qui refusait d'obéir ou de se soumettre du tout.

Vidio je jednog psa koji uopće nije htio poslušati niti se pokoriti.

Ce chien s'est battu jusqu'à ce qu'il soit tué dans la bataille pour le contrôle.

Taj se pas borio sve dok nije poginuo u borbi za kontrolu.

Des étrangers venaient parfois voir l'homme au pull rouge.

Stranci bi ponekad dolazili vidjeti čovjeka u crvenom džemperu.

Ils parlaient sur un ton étrange, suppliant, marchandant et riant.

Govorili su čudnim tonovima, moleći, cjenkajući se i smijući se.

Lors de l'échange d'argent, ils partaient avec un ou plusieurs chiens.

Kad bi se razmijenio novac, odlazili bi s jednim ili više pasa.

Buck se demandait où étaient passés ces chiens, car aucun n'était jamais revenu.

Buck se pitao kamo su ti psi otišli, jer se nijedan nikada nije vratio.

la peur de l'inconnu envahissait Buck chaque fois qu'un homme étrange venait

Strah od nepoznatog ispunjavao je Bucka svaki put kad bi
došao nepoznati čovjek

**il était content à chaque fois qu'un autre chien était pris,
plutôt que lui-même.**

Bio je sretan svaki put kad bi uzeli još jednog psa, a ne njega
samog.

**Mais finalement, le tour de Buck arriva avec l'arrivée d'un
homme étrange.**

Ali konačno je došao red i na Bucka dolaskom nepoznatog
čovjeka.

**Il était petit, nerveux, parlait un anglais approximatif et
jurait.**

Bio je malen, žilav, govorio je lošim engleskim i psovao.

**« Sacré-Dam ! » hurla-t-il en posant les yeux sur le corps de
Buck.**

„Sacredam!" viknuo je kad je ugledao Buckovu figuru.

**« C'est un sacré chien tyrannique ! Hein ? Combien ? »
demanda-t-il à voix haute.**

„To je jedan prokleti nasilni pas! E? Koliko?" upitao je naglas.

« Trois cents, et c'est un cadeau à ce prix-là. »

„Tristo, a za tu cijenu je pravi poklon."

**« Puisque c'est de l'argent du gouvernement, tu ne devrais
pas te plaindre, Perrault. »**

„Budući da je to državni novac, ne biste se trebali žaliti,
Perrault."

**Perrault sourit à l'idée de l'accord qu'il venait de conclure
avec cet homme.**

Perrault se nasmiješio dogovoru koji je upravo sklopio s tim
čovjekom.

**Le prix des chiens a grimpé en flèche en raison de la
demande soudaine.**

Cijena pasa je naglo porasla zbog nagle potražnje.

**Trois cents dollars, ce n'était pas injuste pour une si belle
bête.**

Tristo dolara nije bilo nepravedno za tako finu zvijer.

Le gouvernement canadien ne perdrait rien dans cet accord

Kanadska vlada ne bi ništa izgubila u sporazumu

Leurs dépêches officielles ne seraient pas non plus retardées en transit.

Niti bi njihove službene pošiljke kasnile u tranzitu.

Perrault connaissait bien les chiens et pouvait voir que Buck était quelque chose de rare.

Perrault je dobro poznavao pse i mogao je vidjeti da je Buck nešto rijetko.

« Un sur dix dix mille », pensa-t-il en étudiant la silhouette de Buck.

„Jedan od deset deset tisuća", pomislio je dok je proučavao Buckovu građu.

Buck a vu l'argent changer de mains, mais n'a montré aucune surprise.

Buck je vidio kako novac mijenja vlasnika, ali nije pokazao iznenađenje.

Bientôt, lui et Curly, un gentil Terre-Neuve, furent emmenés.

Ubrzo su on i Kovrčavi, krotki newfoundlandski pas, odvedeni.

Ils suivirent le petit homme depuis la cour du pull rouge.

Slijedili su malog čovjeka iz dvorišta crvenog džempera.

Ce fut la dernière fois que Buck vit l'homme avec la massue en bois.

To je bio posljednji put da je Buck ikada vidio čovjeka s drvenom palicom.

Depuis le pont du Narval, il regardait Seattle disparaître au loin.

S palube Narvala promatrao je kako Seattle nestaje u daljini.

C'était aussi la dernière fois qu'il voyait le chaud Southland.

To je ujedno bio i posljednji put da je ikada vidio topli Jug.

Perrault les emmena sous le pont et les laissa à François.

Perrault ih je odveo ispod palube i ostavio s Françoisom.

François était un géant au visage noir, aux mains rugueuses et calleuses.

François je bio crnoliki div s grubim, žuljevitim rukama.

Il était brun et basané; un métis franco-canadien.

Bio je taman i tamnoput; mješanac Francusko-kanadskog podrijetla.

Pour Buck, ces hommes étaient d'un genre qu'il n'avait jamais vu auparavant.

Bucku su ovi ljudi bili vrsta kakvu nikada prije nije vidio.

Il allait connaître beaucoup d'autres hommes de ce genre dans les jours qui suivirent.

U danima koji su dolazili upoznao bi mnogo takvih ljudi.

Il ne s'est pas attaché à eux, mais il a appris à les respecter.

Nije ih zavolio, ali ih je počeo poštovati.

Ils étaient justes et sages, et ne se laissaient pas facilement tromper par un chien.

Bili su pošteni i mudri, i nijedan ih pas nije lako prevario.

Ils jugeaient les chiens avec calme et ne les punissaient que lorsqu'ils le méritaient.

Pse su mirno prosuđivali i kažnjavali samo kad su ih zaslužili.

Sur le pont inférieur du Narwhal, Buck et Curly ont rencontré deux chiens.

U donjoj palubi Narvala, Buck i Kovrčavi sreli su dva psa.

L'un d'eux était un grand chien blanc venu du lointain et glacial Spitzberg.

Jedan je bio veliki bijeli pas iz dalekog, ledenog Spitzbergena.

Il avait autrefois navigué avec un baleinier et rejoint un groupe d'enquête.

Jednom je plovio s kitolovcem i pridružio se istraživačkoj skupini.

Il était amical d'une manière sournoise, sournoise et rusée.

Bio je prijateljski nastrojen na lukav, podmukao i lukav način.

Lors de leur premier repas, il a volé un morceau de viande dans la poêle de Buck.

Na njihovom prvom obroku, ukrao je komad mesa iz Buckove tave.

Buck sauta pour le punir, mais le fouet de François frappa en premier.

Buck je skočio da ga kazni, ali Françoisov bič je prvi udario.

Le voleur blanc hurla et Buck récupéra l'os volé.

Bijeli lopov je kriknuo, a Buck je vratio ukradenu kost.

Cette équité impressionna Buck, et François gagna son respect.

Ta pravednost impresionirala je Bucka, a François je zaslužio njegovo poštovanje.

L'autre chien ne lui a pas adressé de salut et n'en a pas voulu en retour.

Drugi pas nije pozdravio, a nije ni tražio pozdrav zauzvrat.

Il ne volait pas de nourriture et ne reniflait pas les nouveaux arrivants avec intérêt.

Nije krao hranu, niti je sa zanimanjem njuškao novopridošle.

Ce chien était sinistre et calme, sombre et lent.

Ovaj pas je bio sumoran i tih, tmuran i sporo se kretao.

Il a averti Curly de rester à l'écart en la regardant simplement.

Upozorio je Kovrčavi da se drži podalje jednostavnim pogledom prema njoj.

Son message était clair : laissez-moi tranquille ou il y aura des problèmes.

Njegova poruka je bila jasna; ostavi me na miru ili će biti problema.

Il s'appelait Dave et il remarquait à peine son environnement.

Zvao se Dave i jedva je primjećivao svoju okolinu.

Il dormait souvent, mangeait tranquillement et bâillait de temps en temps.

Često je spavao, tiho jeo i s vremena na vrijeme zijevao.

Le navire ronronnait constamment avec le battement de l'hélice en dessous.

Brod je neprestano zujao dok je propeler ispod udarao.

Les jours passèrent sans grand changement, mais le temps devint plus froid.

Dani su prolazili bez ikakvih promjena, ali vrijeme je postajalo hladnije.

Buck pouvait le sentir dans ses os et remarqua que les autres le faisaient aussi.

Buck je to osjećao u kostima i primijetio je da i ostali također.

Puis un matin, l'hélice s'est arrêtée et tout est redevenu calme.

Onda se jednog jutra propeler zaustavio i sve je utihnulo.

Une énergie parcourut le vaisseau ; quelque chose avait changé.

Energija je prostrujala brodom; nešto se promijenilo.

François est descendu, les a attachés en laisse et les a remontés.

François je sišao dolje, privezao ih na povodce i doveo ih gore.

Buck sortit et trouva le sol doux, blanc et froid.

Buck je izašao i otkrio da je tlo meko, bijelo i hladno.

Il sursauta en arrière, alarmé, et renifla, totalement confus.

U panici je odskočio unatrag i frknuo u potpunoj zbunjenosti.

Une étrange substance blanche tombait du ciel gris.

Čudna bijela tvar padala je sa sivog neba.

Il se secoua, mais les flocons blancs continuaient à atterrir sur lui.

Otresao se, ali bijele pahuljice su i dalje padale na njega.

Il renifla soigneusement la substance blanche et lécha quelques morceaux glacés.

Pažljivo je pomirisao bijelu tvar i polizao nekoliko ledenih komadića.

La poudre brûla comme du feu, puis disparut de sa langue.

Prah je gorio poput vatre, a zatim je nestao s njegovog jezika.

Buck essaya à nouveau, intrigué par l'étrange froideur qui disparaissait.

Buck je pokušao ponovno, zbunjen neobičnom nestajućom hladnoćom.

Les hommes autour de lui rirent et Buck se sentit gêné.

Muškarci oko njega su se nasmijali, a Bucku je bilo neugodno.

Il ne savait pas pourquoi, mais il avait honte de sa réaction.

Nije znao zašto, ali sramio se svoje reakcije.

C'était sa première expérience avec la neige, et cela le dérouta.

To je bilo njegovo prvo iskustvo sa snijegom i to ga je zbunilo.

La loi du club et des crocs
Zakon trefa i očnjaka

Le premier jour de Buck sur la plage de Dyea ressemblait à un terrible cauchemar.
Buckov prvi dan na plaži Dyea osjećao se kao strašna noćna mora.

Chaque heure apportait de nouveaux chocs et des changements inattendus pour Buck.
Svaki sat je Bucku donosio nove šokove i neočekivane promjene.

Il avait été arraché à la civilisation et jeté dans un chaos sauvage.
Bio je izvučen iz civilizacije i bačen u divlji kaos.

Ce n'était pas une vie ensoleillée et paresseuse, faite d'ennui et de repos.
Ovo nije bio sunčan, lijen život s dosadom i odmorom.

Il n'y avait pas de paix, pas de repos, et pas un instant sans danger.
Nije bilo mira, odmora, niti trenutka bez opasnosti.

La confusion régnait sur tout et le danger était toujours proche.
Zbrka je vladala svime, a opasnost je uvijek bila blizu.

Buck devait rester vigilant car ces hommes et ces chiens étaient différents.
Buck je morao ostati na oprezu jer su ovi ljudi i psi bili drugačiji.

Ils n'étaient pas originaires des villes ; ils étaient sauvages et sans pitié.
Nisu bili iz gradova; bili su divlji i nemilosrdni.

Ces hommes et ces chiens ne connaissaient que la loi du gourdin et des crocs.
Ti ljudi i psi poznavali su samo zakon toljage i očnjaka.

Buck n'avait jamais vu de chiens se battre comme ces huskies sauvages.
Buck nikada nije vidio pse da se bore kao ovi divlji haskiji.

Sa première expérience lui a appris une leçon qu'il n'oublierait jamais.

Njegovo prvo iskustvo naučilo ga je lekciji koju nikada neće zaboraviti.

Il a eu de la chance que ce ne soit pas lui, sinon il serait mort aussi.

Imao je sreće što to nije bio on, inače bi i on umro.

Curly était celui qui souffrait tandis que Buck regardait et apprenait.

Kovrčavi je bio taj koji je patio dok je Buck gledao i učio.

Ils avaient installé leur campement près d'un magasin construit en rondins.

Ulogorili su se blizu trgovine izgrađene od balvana.

Curly a essayé d'être amical avec un grand husky ressemblant à un loup.

Kovrčavi se pokušao prijateljski ponašati prema velikom haskiju nalik vuku.

Le husky était plus petit que Curly, mais avait l'air sauvage et méchant.

Haski je bio manji od Kovrčavi, ali je izgledao divlje i zlobno.

Sans prévenir, il a sauté et lui a ouvert le visage.

Bez upozorenja, skočio je i rasjekao joj lice.

Ses dents lui coupèrent l'œil jusqu'à sa mâchoire en un seul mouvement.

Njegovi su joj zubi jednim potezom prerezali od oka do čeljusti.

C'est ainsi que les loups se battaient : ils frappaient vite et sautaient loin.

Ovako su se vukovi borili - udarili su brzo i odskočili.

Mais il y avait plus à apprendre que de cette seule attaque.

Ali bilo je više toga za naučiti osim iz tog jednog napada.

Des dizaines de huskies se sont précipités et ont formé un cercle silencieux.

Deseci haskija su uletjeli i napravili tihi krug.

Ils regardaient attentivement et se léchaient les lèvres avec faim.

Pažljivo su promatrali i oblizali usne od gladi.

Buck ne comprenait pas leur silence ni leurs regards avides.
Buck nije razumio njihovu šutnju ni njihove nestrpljive oči.
Curly s'est précipité pour attaquer le husky une deuxième fois.
Kovrčavi je pojurio napasti haskija drugi put.
Il a utilisé sa poitrine pour la renverser avec un mouvement puissant.
Snažnim pokretom ju je srušio prsima.
Elle est tombée sur le côté et n'a pas pu se relever.
Pala je na bok i nije se mogla ponovo podići.
C'est ce que les autres attendaient depuis le début.
To je ono što su ostali cijelo vrijeme čekali.
Les huskies ont sauté sur elle, hurlant et grognant avec frénésie.
Haskiji su skočili na nju, cikćući i režeći u bijesu.
Elle a crié alors qu'ils l'enterraient sous un tas de chiens.
Vrištala je dok su je zakopavali pod hrpu pasa.
L'attaque fut si rapide que Buck resta figé sur place sous le choc.
Napad je bio toliko brz da se Buck od šoka ukočio na mjestu.
Il vit Spitz tirer la langue d'une manière qui ressemblait à un rire.
Vidio je kako Spitz isplazi jezik na način koji je izgledao kao smijeh.
François a attrapé une hache et a couru droit vers le groupe de chiens.
François je zgrabio sjekiru i potrčao ravno u skupinu pasa.
Trois autres hommes ont utilisé des gourdins pour aider à repousser les huskies.
Trojica drugih muškaraca koristila su palice kako bi otjerali haskije.
En seulement deux minutes, le combat était terminé et les chiens avaient disparu.
Za samo dvije minute, borba je bila gotova i psi su nestali.
Curly gisait morte dans la neige rouge et piétinée, son corps déchiré.

Kovrčavi je ležala mrtva u crvenom, ugaženom snijegu, tijelo joj je bilo rastrgano.

Un homme à la peau sombre se tenait au-dessus d'elle, maudissant la scène brutale.

Tamnoputi muškarac stajao je nad njom, proklinjući brutalni prizor.

Le souvenir est resté avec Buck et a hanté ses rêves la nuit.

Sjećanje je ostalo s Buckom i proganjalo ga je u snovima noću.

C'était comme ça ici : pas d'équité, pas de seconde chance.

Tako je ovdje bilo; bez pravednosti, bez druge prilike.

Une fois qu'un chien tombait, les autres le tuaient sans pitié.

Čim bi pas pao, ostali bi ga ubili bez milosti.

Buck décida alors qu'il ne se permettrait jamais de tomber.

Buck je tada odlučio da si nikada neće dopustiti da padne.

Spitz tira à nouveau la langue et rit du sang.

Spitz je ponovno isplazio jezik i nasmijao se krvi.

À partir de ce moment-là, Buck détesta Spitz de tout son cœur.

Od tog trenutka nadalje, Buck je svim srcem mrzio Spitza.

Avant que Buck ne puisse se remettre de la mort de Curly, quelque chose de nouveau s'est produit.

Prije nego što se Buck uspio oporaviti od Kovrčavijeve smrti, dogodilo se nešto novo.

François s'est approché et a attaché quelque chose autour du corps de Buck.

François je prišao i nešto omotao Buckovo tijelo.

C'était un harnais comme ceux utilisés sur les chevaux du ranch.

Bila je to orma poput onih koje se koriste na konjima na ranču.

Comme Buck avait vu les chevaux travailler, il devait maintenant travailler aussi.

Kao što je Buck vidio konje kako rade, sada je i on bio prisiljen raditi.

Il a dû tirer François sur un traîneau dans la forêt voisine.

Morao je vući Françoisa na sanjkama u obližnju šumu.

Il a ensuite dû ramener une lourde charge de bois de chauffage.

Zatim je morao odvući teret teškog drva za ogrjev.

Buck était fier, donc cela lui faisait mal d'être traité comme un animal de travail.

Buck je bio ponosan, pa ga je boljelo što se prema njemu ponašalo kao prema radnoj životinji.

Mais il était sage et n'a pas essayé de lutter contre la nouvelle situation.

Ali bio je mudar i nije se pokušavao boriti protiv nove situacije.

Il a accepté sa nouvelle vie et a donné le meilleur de lui-même dans chaque tâche.

Prihvatio je svoj novi život i dao sve od sebe u svakom zadatku.

Tout ce qui concernait ce travail lui était étrange et inconnu.

Sve u vezi s poslom bilo mu je čudno i nepoznato.

François était strict et exigeait l'obéissance sans délai.

François je bio strog i zahtijevao je poslušnost bez odgađanja.

Son fouet garantissait que chaque ordre soit exécuté immédiatement.

Njegov bič pazio je da se svaka naredba izvrši odjednom.

Dave était le conducteur du traîneau, le chien le plus proche du traîneau derrière Buck.

Dave je bio vozač, pas najbliži saonicama iza Bucka.

Dave mordait Buck sur les pattes arrière s'il faisait une erreur.

Dave bi ugrizao Bucka za stražnje noge ako bi ovaj pogriješio.

Spitz était le chien de tête, compétent et expérimenté dans ce rôle.

Spitz je bio vodeći pas, vješt i iskusan u toj ulozi.

Spitz ne pouvait pas atteindre Buck facilement, mais il le corrigea quand même.

Spitz nije mogao lako doći do Bucka, ali ga je ipak ispravio.

Il grognait durement ou tirait le traîneau d'une manière qui enseignait à Buck.

Oštro je režao ili vukao saonice na način koji su Bucka podučavali.

Grâce à cette formation, Buck a appris plus vite que ce qu'ils avaient imaginé.

Pod ovom obukom, Buck je učio brže nego što je itko od njih očekivao.

Il a travaillé dur et a appris de François et des autres chiens.

Naporno je radio i učio od Françoisa i ostalih pasa.

À leur retour, Buck connaissait déjà les commandes clés.

Dok su se vratili, Buck je već znao ključne naredbe.

Il a appris à s'arrêter au son « ho » de François.

Naučio je stati na zvuk "ho" od Françoisa.

Il a appris quand il a dû tirer le traîneau et courir.

Naučio je kada je morao vući sanke i trčati.

Il a appris à tourner largement dans les virages du sentier sans difficulté.

Naučio je bez problema široko skretati u zavojima na stazi.

Il a également appris à éviter Dave lorsque le traîneau descendait rapidement.

Također je naučio izbjegavati Davea kada su sanjke brzo krenule nizbrdo.

« Ce sont de très bons chiens », dit fièrement François à Perrault.

„To su vrlo dobri psi", ponosno je rekao François Perraultu.

« Ce Buck tire comme un dingue, je lui apprends vite fait. »

„Taj Buck vuče kao ludo — učim ga kao nikad prije."

Plus tard dans la journée, Perrault est revenu avec deux autres chiens husky.

Kasnije tog dana, Perrault se vratio s još dva haskija.

Ils s'appelaient Billee et Joe, et ils étaient frères.

Zvali su se Billee i Joe, i bili su braća.

Ils venaient de la même mère, mais ne se ressemblaient pas du tout.

Potjecali su od iste majke, ali uopće nisu bili slični.

Billee était de nature douce et très amicale avec tout le monde.

Billee je bila blage naravi i previše prijateljski nastrojena prema svima.

Joe était tout le contraire : calme, en colère et toujours en train de grogner.

Joe je bio sušta suprotnost - tih, ljut i uvijek režeći.

Buck les a accueillis de manière amicale et s'est montré calme avec eux deux.

Buck ih je prijateljski pozdravio i bio je miran s obojicom.

Dave ne leur prêta aucune attention et resta silencieux comme d'habitude.

Dave nije obraćao pažnju na njih i šutio je kao i obično.

Spitz a attaqué d'abord Billee, puis Joe, pour montrer sa domination.

Spitz je prvo napao Billeeja, a zatim Joea, kako bi pokazao svoju dominaciju.

Billee remua la queue et essaya d'être amical avec Spitz.

Billee je mahao repom i pokušavao biti prijateljski nastrojen prema Spitzu.

Lorsque cela n'a pas fonctionné, il a essayé de s'enfuir à la place.

Kad to nije uspjelo, pokušao je umjesto toga pobjeći.

Il a pleuré tristement lorsque Spitz l'a mordu fort sur le côté.

Tužno je plakao kad ga je Spitz snažno ugrizao u stranu.

Mais Joe était très différent et refusait d'être intimidé.

Ali Joe je bio vrlo drugačiji i odbijao je biti maltretiran.

Chaque fois que Spitz s'approchait, Joe se retournait pour lui faire face rapidement.

Svaki put kad bi se Spitz približio, Joe bi se brzo okrenuo prema njemu.

Sa fourrure se hérissa, ses lèvres se retroussèrent et ses dents claquèrent sauvagement.

Krzno mu se nakostriješilo, usne izvile, a zubi divlje škljocali.

Les yeux de Joe brillaient de peur et de rage, défiant Spitz de frapper.

Joeove su oči sjale od straha i bijesa, izazivajući Spitza da udari.

Spitz abandonna le combat et se détourna, humilié et en colère.

Spitz je odustao od borbe i okrenuo se, ponižen i ljut.

Il a déversé sa frustration sur le pauvre Billee et l'a chassé.

Istjerao je svoju frustraciju na jadnom Billeeju i otjerao ga.

Ce soir-là, Perrault ajouta un chien de plus à l'équipe.

Te večeri, Perrault je timu dodao još jednog psa.

Ce chien était vieux, maigre et couvert de cicatrices de guerre.

Ovaj pas je bio star, mršav i prekriven ožiljcima iz bitaka.

L'un de ses yeux manquait, mais l'autre brillait de puissance.

Jedno mu je oko nedostajalo, ali drugo je snažno bljesnulo.

Le nom du nouveau chien était Solleks, ce qui signifiait « celui qui est en colère ».

Novom psu je bilo ime Solleks, što je značilo Ljutiti.

Comme Dave, Solleks ne demandait rien aux autres et ne donnait rien en retour.

Poput Davea, Solleks nije ništa tražio od drugih, niti je što davao zauzvrat.

Lorsque Solleks entra lentement dans le camp, même Spitz resta à l'écart.

Kad je Solleks polako ušao u logor, čak se i Spitz nije udaljio.

Il avait une étrange habitude que Buck a eu la malchance de découvrir.

Imao je čudnu naviku koju Buck, nažalost, nije otkrio.

Solleks détestait qu'on l'approche du côté où il était aveugle.

Solleks je mrzio da mu se prilazi sa strane gdje je bio slijep.

Buck ne le savait pas et a fait cette erreur par accident.

Buck to nije znao i tu je grešku napravio slučajno.

Solleks se retourna et frappa l'épaule de Buck profondément et rapidement.

Solleks se okrenuo i duboko i brzo udario Bucka u rame.

À partir de ce moment, Buck ne s'est plus jamais approché du côté aveugle de Solleks.

Od tog trenutka nadalje, Buck se nikada nije približio Solleksovoj slijepoj strani.

Ils n'ont plus jamais eu de problèmes pendant le reste de leur temps ensemble.

Nikada više nisu imali problema do kraja vremena koje su proveli zajedno.

Solleks voulait seulement être laissé seul, comme le calme Dave.

Solleks je samo želio da ga se ostavi na miru, poput tihog Davea.

Mais Buck apprendra plus tard qu'ils avaient chacun un autre objectif secret.

Ali Buck će kasnije saznati da je svaki od njih imao još jedan tajni cilj.

Cette nuit-là, Buck a dû faire face à un nouveau défi troublant : comment dormir.

Te noći Buck se suočio s novim i mučnim izazovom - kako spavati.

La tente brillait chaleureusement à la lumière des bougies dans le champ enneigé.

Šator je toplo sjao svjetlošću svijeća na snježnom polju.

Buck entra, pensant qu'il pourrait se reposer là comme avant.

Buck je ušao unutra, misleći da se ondje može odmoriti kao i prije.

Mais Perrault et François lui criaient dessus et lui jetaient des casseroles.

Ali Perrault i François su vikali na njega i bacali tave.

Choqué et confus, Buck s'est enfui dans le froid glacial.

Šokiran i zbunjen, Buck je istrčao van na ledenu hladnoću.

Un vent glacial piquait son épaule blessée et lui gelait les pattes.

Oštar vjetar bockao ga je u ranjeno rame i smrzavao mu šape.

Il s'est allongé dans la neige et a essayé de dormir à la belle étoile.

Legao je na snijeg i pokušao spavati vani na otvorenom.

Mais le froid l'obligea bientôt à se relever, tremblant terriblement.

Ali hladnoća ga je ubrzo prisilila da se ponovno digne, snažno se tresući.

Il erra dans le camp, essayant de trouver un endroit plus chaud.

Lutao je logorom, pokušavajući pronaći toplije mjesto.

Mais chaque coin était aussi froid que le précédent.

Ali svaki kutak bio je jednako hladan kao i onaj prethodni.

Parfois, des chiens sauvages sautaient sur lui dans l'obscurité.

Ponekad su divlji psi skakali na njega iz tame.

Buck hérissa sa fourrure, montra ses dents et grogna en signe d'avertissement.

Buck se nakostriješio, pokazao zube i zarežao u znak upozorenja.

Il apprenait vite et les autres chiens reculaient rapidement.

Brzo je učio, a ostali psi su se brzo povlačili.

Il n'avait toujours pas d'endroit où dormir et ne savait pas quoi faire.

Ipak, nije imao gdje spavati, niti je imao pojma što učiniti.

Finalement, une pensée lui vint : aller voir ses coéquipiers.

Napokon mu je sinula misao - provjeriti svoje suigrače.

Il est retourné dans leur région et a été surpris de les trouver partis.

Vratio se u njihov kraj i iznenadio se kad ih je vidio da su otišli.

Il chercha à nouveau dans le camp, mais ne parvint toujours pas à les trouver.

Ponovno je pretražio logor, ali ih i dalje nije mogao pronaći.

Il savait qu'ils ne pouvaient pas être dans la tente, sinon il le serait aussi.

Znao je da ne smiju biti u šatoru, inače bi i on bio.

Alors, où étaient passés tous les chiens dans ce camp gelé ?

Pa gdje su onda nestali svi psi u ovom smrznutom logoru?

Buck, froid et misérable, tournait lentement autour de la tente.

Buck, promrzao i jadan, polako je kružio oko šatora.

Soudain, ses pattes avant s'enfoncèrent dans la neige molle et le surprit.

Odjednom su mu prednje noge utonule u mekani snijeg i prestrašile ga.

Quelque chose se tortilla sous ses pieds et il sursauta en arrière, effrayé.

Nešto se migoljilo pod njegovim nogama i on je od straha odskočio unatrag.

Il grogna et grogna, ne sachant pas ce qui se cachait sous la neige.

Režao je i režao, ne znajući što se krije ispod snijega.

Puis il entendit un petit aboiement amical qui apaisa sa peur.

Tada je čuo prijateljski tihi lavež koji je ublažio njegov strah.

Il renifla l'air et s'approcha pour voir ce qui était caché.

Ponjušio je zrak i prišao bliže da vidi što je skriveno.

Sous la neige, recroquevillée en boule chaude, se trouvait la petite Billee.

Pod snijegom, sklupčana u toplu lopticu, bila je mala Billee.

Billee remua la queue et lécha le visage de Buck pour le saluer.

Billee je mahao repom i polizao Buckovo lice kako bi ga pozdravio.

Buck a vu comment Billee avait fabriqué un endroit pour dormir dans la neige.

Buck je vidio kako je Billee napravila mjesto za spavanje u snijegu.

Il avait creusé et utilisé sa propre chaleur pour rester au chaud.

Kopao je i koristio vlastitu toplinu da se ugrije.

Buck avait appris une autre leçon : c'est ainsi que les chiens dormaient.

Buck je naučio još jednu lekciju - tako su psi spavali.

Il a choisi un endroit et a commencé à creuser son propre trou dans la neige.

Odabrao je mjesto i počeo kopati vlastitu rupu u snijegu.

Au début, il bougeait trop et gaspillait de l'énergie.

U početku se previše kretao i trošio energiju.

Mais bientôt son corps réchauffa l'espace et il se sentit en sécurité.

Ali ubrzo je njegovo tijelo zagrijalo prostor i osjećao se sigurno.

Il se recroquevilla étroitement et, peu de temps après, il s'endormit profondément.

Čvrsto se sklupčao i ubrzo je čvrsto zaspao.

La journée avait été longue et dure, et Buck était épuisé.

Dan je bio dug i naporan, a Buck je bio iscrpljen.

Il dormait profondément et confortablement, même si ses rêves étaient fous.

Spavao je duboko i udobno, iako su mu snovi bili divlji.

Il grognait et aboyait dans son sommeil, se tordant pendant qu'il rêvait.

Režao je i lajao u snu, uvijajući se dok je sanjao.

Buck ne s'est réveillé que lorsque le camp était déjà en train de prendre vie.

Buck se nije probudio sve dok se logor već nije probudio.

Au début, il ne savait pas où il était ni ce qui s'était passé.

U početku nije znao gdje je niti što se dogodilo.

La neige était tombée pendant la nuit et avait complètement enseveli son corps.

Snijeg je pao preko noći i potpuno zatrpao njegovo tijelo.

La neige se pressait autour de lui, serrée de tous côtés.

Snijeg ga je pritiskao, čvrsto sa svih strana.

Soudain, une vague de peur traversa tout le corps de Buck.

Odjednom je val straha prostrujao cijelim Buckovim tijelom.

C'était la peur d'être piégé, une peur venue d'instincts profonds.

Bio je to strah od zarobljavanja, strah iz dubokih instinkta.

Bien qu'il n'ait jamais vu de piège, la peur vivait en lui.

Iako nikada nije vidio zamku, strah je živio u njemu.

C'était un chien apprivoisé, mais maintenant ses vieux instincts sauvages se réveillaient.

Bio je pitom pas, ali sada su se u njemu budili stari divlji instinkti.

Les muscles de Buck se tendirent et sa fourrure se dressa sur tout son dos.

Buckovi su se mišići napeli, a krzno mu se nakostriješilo po cijelim leđima.

Il grogna férocement et bondit droit dans la neige.

Žestoko je zarežao i skočio ravno kroz snijeg.

La neige volait dans toutes les directions alors qu'il faisait irruption dans la lumière du jour.

Snijeg je letio na sve strane dok je izbijao na dnevno svjetlo.

Avant même d'atterrir, Buck vit le camp s'étendre devant lui.

Čak i prije slijetanja, Buck je vidio kako se logor prostire pred njim.

Il se souvenait de tout ce qui s'était passé la veille, d'un seul coup.

Sjetio se svega od prethodnog dana, odjednom.

Il se souvenait d'avoir flâné avec Manuel et d'avoir fini à cet endroit.

Sjetio se šetnje s Manuelom i završetka na ovom mjestu.

Il se souvenait avoir creusé le trou et s'être endormi dans le froid.

Sjetio se kako je iskopao rupu i zaspao na hladnoći.

Maintenant, il était réveillé et le monde sauvage qui l'entourait était clair.

Sada je bio budan, a divlji svijet oko njega bio je jasan.

Un cri de François salua l'apparition soudaine de Buck.

François je povikao pozdravom Buckovom iznenadnom pojavljivanju.

« Qu'est-ce que j'ai dit ? » cria le conducteur du chien à Perrault.

„Što sam rekao?" glasno je povikao gonič psa Perraultu.

« Ce Buck apprend vraiment très vite », a ajouté François.

„Taj Buck stvarno uči brzo kao išta", doda François.

Perrault hocha gravement la tête, visiblement satisfait du résultat.

Perrault je ozbiljno kimnuo, očito zadovoljan rezultatom.

En tant que courrier pour le gouvernement canadien, il transportait des dépêches.

Kao kurir za kanadsku vladu, nosio je depeše.

Il était impatient de trouver les meilleurs chiens pour son importante mission.

Bio je željan pronaći najbolje pse za svoju važnu misiju.

Il se sentait particulièrement heureux maintenant que Buck faisait partie de l'équipe.

Osjećao se posebno zadovoljnim sada što je Buck bio dio tima.

Trois autres huskies ont été ajoutés à l'équipe en une heure.

U roku od sat vremena timu su dodana još tri haskija.

Cela porte le nombre total de chiens dans l'équipe à neuf.

Time se ukupan broj pasa u timu popeo na devet.

En quinze minutes, tous les chiens étaient dans leurs harnais.

U roku od petnaest minuta svi su psi bili u svojim pojasevima.

L'équipe de traîneaux remontait le sentier en direction du canyon de Dyea.

Sankaška zaprega se uspinjala stazom prema Dyea Canyonu.

Buck était heureux de partir, même si le travail à venir était difficile.

Buck je bio sretan što odlazi, čak i ako je posao koji je pred njima bio težak.

Il s'est rendu compte qu'il ne détestait pas particulièrement le travail ou le froid.

Otkrio je da ne prezire osobito rad ili hladnoću.

Il a été surpris par l'empressement qui a rempli toute l'équipe.

Iznenadila ga je nestrpljivost koja je ispunila cijelu ekipu.

Encore plus surprenant fut le changement qui s'était produit chez Dave et Solleks.

Još iznenađujuća bila je promjena koja je zadesila Davea i Solleksa.

Ces deux chiens étaient complètement différents lorsqu'ils étaient attelés.

Ova dva psa bila su potpuno različita kada su ih upregli.

Leur passivité et leur manque d'intérêt avaient complètement disparu.

Njihova pasivnost i nedostatak brige potpuno su nestali.

Ils étaient alertes et actifs, et désireux de bien faire leur travail.

Bili su budni i aktivni te željni dobro obaviti svoj posao.

Ils s'irritaient violemment à tout ce qui pouvait provoquer un retard ou une confusion.

Postajali su žestoko iritirani svime što je uzrokovalo kašnjenje ili zbunjenost.

Le travail acharné sur les rênes était le centre de tout leur être.

Naporan rad na uzdama bio je središte cijelog njihovog bića.

Tirer un traîneau semblait être la seule chose qu'ils appréciaient vraiment.

Vuča saonica činila se jedinom stvari u kojoj su istinski uživali.

Dave était à l'arrière du groupe, le plus proche du traîneau lui-même.

Dave je bio na začelju grupe, najbliži samim sanjkama.

Buck a été placé devant Dave, et Solleks a dépassé Buck.

Buck je bio postavljen ispred Davea, a Solleks je pretrčao Bucka.

Le reste des chiens était aligné devant eux en file indienne.

Ostali psi bili su razapeti naprijed u koloni za jednog.

La position de tête à l'avant était occupée par Spitz.

Vodeću poziciju na čelu popunio je Spitz.

Buck avait été placé entre Dave et Solleks pour l'instruction.

Buck je bio postavljen između Davea i Solleksa radi instrukcija.

Il apprenait vite et ils étaient des professeurs fermes et compétents.

Brzo je učio, a oni su bili čvrsti i sposobni učitelji.

Ils n'ont jamais permis à Buck de rester longtemps dans l'erreur.

Nikada nisu dopustili da Buck dugo ostane u zabludi.

Ils ont enseigné leurs leçons avec des dents acérées quand c'était nécessaire.

Poučavali su svoje lekcije oštrim zubima kada je bilo potrebno.

Dave était juste et faisait preuve d'une sagesse calme et sérieuse.

Dave je bio pravedan i pokazivao je tihu, ozbiljnu vrstu mudrosti.

Il n'a jamais mordu Buck sans une bonne raison de le faire.

Nikad nije ugrizao Bucka bez dobrog razloga za to.

Mais il n'a jamais manqué de mordre lorsque Buck avait besoin d'être corrigé.

Ali nikad nije propustio ugristi kad je Bucku trebalo ispraviti.

Le fouet de François était toujours prêt et soutenait leur autorité.

Françoisin bič je uvijek bio spreman i podupirao je njihov autoritet.

Buck a vite compris qu'il valait mieux obéir que riposter.

Buck je ubrzo shvatio da je bolje poslušati nego uzvratiti udarac.

Un jour, lors d'un court repos, Buck s'est emmêlé dans les rênes.

Jednom, tijekom kratkog odmora, Buck se zapetljao u uzde.

Il a retardé le départ et a perturbé le mouvement de l'équipe.

Odgodio je početak i zbunio kretanje ekipe.

Dave et Solleks se sont jetés sur lui et lui ont donné une raclée.

Dave i Solleks su se navalili na njega i žestoko ga pretukli.

L'enchevêtrement n'a fait qu'empirer, mais Buck a bien appris sa leçon.

Zaplet se samo pogoršavao, ali Buck je dobro naučio lekciju.

Dès lors, il garda les rênes tendues et travailla avec soin.

Od tada je držao uzde zategnutima i radio pažljivo.

Avant la fin de la journée, Buck avait maîtrisé une grande partie de sa tâche.

Prije kraja dana, Buck je savladao veći dio svog zadatka.

Ses coéquipiers ont presque arrêté de le corriger ou de le mordre.

Njegovi suigrači gotovo su prestali ispravljati ga ili gristi.

Le fouet de François claquait de moins en moins souvent dans l'air.

Françoisov bič je sve rjeđe pucketao zrakom.

Perrault a même soulevé les pieds de Buck et a soigneusement examiné chaque patte.

Perrault je čak podigao Buckove noge i pažljivo pregledao svaku šapu.

Cela avait été une journée de course difficile, longue et épuisante pour eux tous.

Bio je to težak dan trčanja, dug i iscrpljujući za sve njih.

Ils remontèrent le Cañon, traversèrent Sheep Camp et passèrent devant les Scales.

Putovali su uz kanjon, kroz Ovčji logor i pored Vage.

Ils ont traversé la limite des forêts, puis des glaciers et des congères de plusieurs mètres de profondeur.

Prešli su granicu šume, zatim ledenjake i snježne nanose duboke mnogo metara.

Ils ont escaladé la grande et froide chaîne de montagnes Chilkoot Divide.

Popeli su se na veliki, hladni i zastrašujući Chilkoot Divide.

Cette haute crête se dressait entre l'eau salée et l'intérieur gelé.

Taj visoki greben stajao je između slane vode i smrznute unutrašnjosti.

Les montagnes protégeaient le Nord triste et solitaire avec de la glace et des montées abruptes.

Planine su ledom i strmim usponima čuvale tužni i usamljeni Sjever.

Ils ont parcouru à bon rythme une longue chaîne de lacs en aval de la ligne de partage des eaux.

Dobro su se spustili niz dugi lanac jezera ispod prijevoja.

Ces lacs remplissaient les anciens cratères de volcans éteints.

Ta su jezera ispunjavala drevne kratere ugaslih vulkana.

Tard dans la nuit, ils atteignirent un grand camp au bord du lac Bennett.

Kasno te noći stigli su do velikog logora na jezeru Bennett.

Des milliers de chercheurs d'or étaient là, construisant des bateaux pour le printemps.

Tisuće tragača za zlatom bile su tamo i gradile su brodove za proljeće.

La glace allait bientôt se briser et ils devaient être prêts.

Led će se uskoro topiti i morali su biti spremni.

Buck creusa son trou dans la neige et tomba dans un profond sommeil.

Buck je iskopao rupu u snijegu i duboko zaspao.

Il dormait comme un ouvrier, épuisé par une dure journée de travail.

Spavao je kao radnik, iscrpljen od teškog radnog dana.

Mais trop tôt dans l'obscurité, il fut tiré de son sommeil.

Ali prerano u mraku, bio je izvučen iz sna.

Il fut à nouveau attelé avec ses compagnons et attaché au traîneau.

Ponovno je bio upregnut sa svojim prijateljima i pričvršćen za saonice.

Ce jour-là, ils ont parcouru quarante milles, car la neige était bien battue.

Tog dana su prešli četrdeset milja, jer je snijeg bio dobro utaban.

Le lendemain, et pendant plusieurs jours après, la neige était molle.

Sljedećeg dana, i mnogo dana nakon toga, snijeg je bio mekan.

Ils ont dû faire le chemin eux-mêmes, en travaillant plus dur et en avançant plus lentement.

Morali su sami probiti put, radeći više i krećući se sporije.

Habituellement, Perrault marchait devant l'équipe avec des raquettes palmées.

Obično je Perrault hodao ispred tima s krpljama s plivaćom mrežom.

Ses pas ont compacté la neige, facilitant ainsi le déplacement du traîneau.

Njegovi su koraci utabali snijeg, olakšavajući kretanje saonica.

François, qui dirigeait depuis le mât, prenait parfois le relais.

François, koji je upravljao s kormilarske motke, ponekad je preuzimao kontrolu.

Mais il était rare que François prenne les devants

Ali rijetko je François preuzimao vodstvo

parce que Perrault était pressé de livrer les lettres et les colis.

jer se Perrault žurio s dostavom pisama i paketa.

Perrault était fier de sa connaissance de la neige, et surtout de la glace.

Perrault je bio ponosan na svoje znanje o snijegu, a posebno ledu.

Cette connaissance était essentielle, car la glace d'automne était dangereusement mince.

To je znanje bilo ključno, jer je jesenski led bio opasno tanak.

Là où l'eau coulait rapidement sous la surface, il n'y avait pas du tout de glace.

Tamo gdje je voda brzo tekla ispod površine, uopće nije bilo leda.

Jour après jour, la même routine se répétait sans fin.

Dan za danom, ista rutina se ponavljala bez kraja.

Buck travaillait sans relâche sur les rênes, de l'aube jusqu'à la nuit.

Buck se beskrajno mučio na uzdama od zore do noći.

Ils quittèrent le camp dans l'obscurité, bien avant le lever du soleil.

Napustili su logor u mraku, mnogo prije nego što je sunce izašlo.

Au moment où le jour se leva, ils avaient déjà parcouru de nombreux kilomètres.

Dok je svanulo, već su prešli mnogo kilometara.

Ils ont installé leur campement après la tombée de la nuit, mangeant du poisson et creusant dans la neige.

Logor su podigli nakon mraka, jedući ribu i ukopavajući se u snijeg.

Buck avait toujours faim et n'était jamais vraiment satisfait de sa ration.

Buck je uvijek bio gladan i nikad nije bio istinski zadovoljan svojom hranom.

Il recevait une livre et demie de saumon séché chaque jour.

Svaki dan je dobivao pola kilograma sušenog lososa.

Mais la nourriture semblait disparaître en lui, laissant la faim derrière elle.

Ali hrana kao da je nestajala u njemu, ostavljajući glad za sobom.

Il souffrait constamment de la faim et rêvait de plus de nourriture.

Patio je od stalnih napadaja gladi i sanjao je o još hrane.

Les autres chiens n'ont pris qu'une livre, mais ils sont restés forts.

Drugi psi su dobili samo pola kilograma hrane, ali su ostali jaki.

Ils étaient plus petits et étaient nés dans le mode de vie du Nord.

Bili su manji i rođeni su u sjevernjačkom načinu života.

Il perdit rapidement la méticulosité qui avait marqué son ancienne vie.

Brzo je izgubio pedantnost koja je obilježavala njegov stari život.

Il avait été un mangeur délicat, mais maintenant ce n'était plus possible.

Bio je profinjen izjelica, ali sada to više nije bilo moguće.

Ses camarades ont terminé premiers et lui ont volé sa ration inachevée.

Njegovi prijatelji su prvi završili i oteli mu nedovršenu porciju.

Une fois qu'ils ont commencé, il n'y avait aucun moyen de défendre sa nourriture contre eux.

Kad su počeli, nije bilo načina da obrani svoju hranu od njih.

Pendant qu'il combattait deux ou trois chiens, les autres volaient le reste.

Dok se on borio s dva ili tri psa, ostali su ukrali ostale.

Pour résoudre ce problème, il a commencé à manger aussi vite que les autres.

Da bi to popravio, počeo je jesti jednako brzo kao i ostali.

La faim le poussait tellement qu'il prenait même de la nourriture qui n'était pas la sienne.

Glad ga je toliko tjerala da je čak uzimao i hranu koja nije bila njegova.

Il observait les autres et apprenait rapidement de leurs actions.

Promatrao je ostale i brzo učio iz njihovih postupaka.

Il a vu Pike, un nouveau chien, voler une tranche de bacon à Perrault.

Vidio je Pikea, novog psa, kako krade krišku slanine od Perraulta.

Pike avait attendu que Perrault ait le dos tourné pour voler le bacon.

Pike je čekao da Perrault okrene leđa kako bi ukrao slaninu.

Le lendemain, Buck a copié Pike et a volé tout le morceau.

Sljedećeg dana, Buck je kopirao Pikea i ukrao cijeli komad.

Un grand tumulte s'ensuivit, mais Buck ne fut pas suspecté.

Uslijedila je velika buka, ali Buck nije bio sumnjiv.

Dub, un chien maladroit qui se faisait toujours prendre, a été puni à la place.

Umjesto toga kažnjen je Dub, nespretni pas koji se uvijek nađe uhvaćen.

Ce premier vol a fait de Buck un chien apte à survivre dans le Nord.

Ta prva krađa označila je Bucka kao psa sposobnog preživjeti Sjever.

Il a montré qu'il pouvait s'adapter à de nouvelles conditions et apprendre rapidement.

Pokazao je da se može brzo prilagoditi novim uvjetima i učiti.

Sans une telle adaptabilité, il serait mort rapidement et gravement.

Bez takve prilagodljivosti, umro bi brzo i teško.

Cela a également marqué l'effondrement de sa nature morale et de ses valeurs passées.

To je također označilo slom njegove moralne prirode i prošlih vrijednosti.

Dans le Southland, il avait vécu sous la loi de l'amour et de la bonté.

U Jugu je živio po zakonu ljubavi i dobrote.

Là, il était logique de respecter la propriété et les sentiments des autres chiens.

Tamo je imalo smisla poštivati vlasništvo i osjećaje drugih pasa.

Mais le Northland suivait la loi du club et la loi du croc.

Ali Sjeverozapad je slijedio zakon palice i zakon očnjaka.

Quiconque respectait les anciennes valeurs ici était stupide et échouerait.

Tko god je ovdje poštovao stare vrijednosti, bio je glup i propao bi.

Buck n'a pas réfléchi à tout cela dans son esprit.

Buck nije sve to razradio u sebi.

Il était en forme et s'est donc adapté sans avoir besoin de réfléchir.

Bio je u formi pa se prilagodio bez potrebe za razmišljanjem.

De toute sa vie, il n'avait jamais fui un combat.

Cijeli svoj život nikada nije pobjegao od borbe.

Mais la massue en bois de l'homme au pull rouge a changé cette règle.

Ali drvena palica čovjeka u crvenom džemperu promijenila je to pravilo.

Il suivait désormais un code plus profond et plus ancien, inscrit dans son être.

Sada je slijedio dublji, stariji kod upisan u njegovo biće.

Il ne volait pas par plaisir, mais par faim.

Nije krao iz zadovoljstva, već iz boli gladi.

Il n'a jamais volé ouvertement, mais il a volé avec ruse et prudence.

Nikada nije otvoreno pljačkao, već je krao lukavo i pažljivo.

Il a agi par respect pour la massue en bois et par peur du croc.

Djelovao je iz poštovanja prema drvenoj toljagi i straha od očnjaka.

En bref, il a fait ce qui était plus facile et plus sûr que de ne pas le faire.

Ukratko, učinio je ono što je bilo lakše i sigurnije nego ne učiniti.

Son développement – ou peut-être son retour à ses anciens instincts – fut rapide.

Njegov razvoj - ili možda njegov povratak starim instinktima - bio je brz.

Ses muscles se durcirent jusqu'à devenir aussi forts que du fer.

Mišići su mu se stvrdnuli sve dok nisu postali jaki poput željeza.

Il ne se souciait plus de la douleur, à moins qu'elle ne soit grave.

Više ga nije bilo briga za bol, osim ako nije bila ozbiljna.

Il est devenu efficace à l'intérieur comme à l'extérieur, ne gaspillant rien du tout.

Postao je učinkovit iznutra i izvana, ne trošeći ništa uzalud.

Il pouvait manger des choses viles, pourries ou difficiles à digérer.

Mogao je jesti stvari koje su bile odvratne, trule ili teško probavljive.

Quoi qu'il mange, son estomac utilisait jusqu'au dernier morceau de valeur.

Što god je jeo, njegov je želudac iskoristio svaki djelić vrijednosti.

Son sang transportait les nutriments loin dans son corps puissant.

Njegova krv je nosila hranjive tvari daleko kroz njegovo snažno tijelo.

Cela a créé des tissus solides qui lui ont donné une endurance incroyable.

To je izgradilo jaka tkiva koja su mu dala nevjerojatnu izdržljivost.

Sa vue et son odorat sont devenus beaucoup plus sensibles qu'avant.

Njegov vid i njuh postali su mnogo osjetljiviji nego prije.

Son ouïe est devenue si fine qu'il pouvait détecter des sons faibles pendant son sommeil.
Sluh mu se toliko izoštrio da je mogao čuti slabe zvukove u snu.
Il savait dans ses rêves si les sons signifiaient sécurité ou danger.
U snovima je znao znače li zvukovi sigurnost ili opasnost.
Il a appris à mordre la glace entre ses orteils avec ses dents.
Naučio je zubima gristi led između prstiju.
Si un point d'eau gelait, il brisait la glace avec ses jambes.
Ako bi se pojilo zaledilo, probio bi led nogama.
Il se cabra et frappa violemment la glace avec ses membres antérieurs raides.
Propeo se i snažno udario o led ukočenim prednjim udovima.
Sa capacité la plus frappante était de prédire les changements de vent pendant la nuit.
Njegova najupečatljivija sposobnost bila je predviđanje promjena vjetra tijekom noći.
Même lorsque l'air était calme, il choisissait des endroits abrités du vent.
Čak i kad je zrak bio miran, birao je mjesta zaštićena od vjetra.
Partout où il creusait son nid, le vent du lendemain le passait à côté de lui.
Gdje god je iskopao gnijezdo, vjetar sljedećeg dana ga je prošao.
Il finissait toujours par se blottir et se protéger, sous le vent.
Uvijek je završavao udobno smješten i zaštićen, u zavjetrini od povjetarca.
Buck n'a pas seulement appris par l'expérience : son instinct est également revenu.
Buck nije samo učio iz iskustva - i njegovi su se instinkti vratili.
Les habitudes des générations domestiquées ont commencé à disparaître.
Navike pripitomljenih generacija počele su nestajati.
De manière vague, il se souvenait des temps anciens de sa race.

Na nejasne načine, sjećao se davnih vremena svoje vrste.

Il repensa à l'époque où les chiens sauvages couraient en meute dans les forêts.

Sjetio se vremena kada su divlji psi trčali u čoporima kroz šume.

Ils avaient poursuivi et tué leur proie en la poursuivant.

Progonili su i ubili svoj plijen dok su ga gonili.

Il était facile pour Buck d'apprendre à se battre avec force et rapidité.

Bucku je bilo lako naučiti kako se boriti zubima i brzinom.

Il utilisait des coupures, des entailles et des coups rapides, tout comme ses ancêtres.

Koristio je rezove, posjekotine i brze pucketaje baš kao i njegovi preci.

Ces ancêtres se sont réveillés en lui et ont réveillé sa nature sauvage.

Ti su se preci u njemu probudili i probudili njegovu divlju prirodu.

Leurs anciennes compétences lui avaient été transmises par le sang.

Njihove stare vještine prešle su na njega kroz krvnu lozu.

Leurs tours étaient désormais à lui, sans besoin de pratique ni d'effort.

Njihovi trikovi su sada bili njegovi, bez potrebe za vježbom ili trudom.

Lors des nuits calmes et froides, Buck levait le nez et hurlait.

U mirnim, hladnim noćima, Buck je dizao nos i zavijao.

Il hurla longuement et profondément, comme le faisaient les loups autrefois.

Zavijao je dugo i duboko, onako kako su to vukovi činili davno prije.

À travers lui, ses ancêtres morts pointaient leur nez et hurlaient.

Kroz njega su njegovi mrtvi preci pokazivali nosove i zavijali.

Ils ont hurlé à travers les siècles avec sa voix et sa forme.

Zavijali su kroz stoljeća njegovim glasom i oblikom.

Ses cadences étaient les leurs, de vieux cris qui parlaient de chagrin et de froid.

Njegovi ritmovi bili su njihovi, stari krici koji su govorili o tuzi i hladnoći.

Ils chantaient l'obscurité, la faim et le sens de l'hiver.

Pjevali su o tami, o gladi i značenju zime.

Buck a prouvé que la vie est façonnée par des forces qui nous dépassent.

Buck je dokazao kako život oblikuju sile izvan nas samih,

L'ancienne chanson s'éleva à travers Buck et s'empara de son âme.

Drevna pjesma prostrujala je Buckom i obuzela mu dušu.

Il s'est retrouvé parce que les hommes avaient trouvé de l'or dans le Nord.

Pronašao se jer su ljudi pronašli zlato na Sjeveru.

Et il s'est retrouvé parce que Manuel, l'aide du jardinier, avait besoin d'argent.

I našao se jer je Manuelu, vrtlarovom pomoćniku, trebao novac.

La Bête Primordiale Dominante
Dominantna Praiskonska Zvijer

La bête primordiale dominante était aussi forte que jamais en Buck.

Dominantna iskonska zvijer bila je u Bucku jaka kao i uvijek.

Mais la bête primordiale dominante sommeillait en lui.

Ali dominantna iskonska zvijer drijemala je u njemu.

La vie sur le sentier était dure, mais elle renforçait la bête qui sommeillait en Buck.

Život na stazi bio je surov, ali je ojačao zvijer u Bucku.

Secrètement, la bête devenait de plus en plus forte chaque jour.

Zvijer je potajno postajala sve jača i jača svakim danom.

Mais cette croissance intérieure est restée cachée au monde extérieur.

Ali taj unutarnji rast ostao je skriven vanjskom svijetu.

Une force primordiale, calme et tranquille, se construisait à l'intérieur de Buck.

Tiha i mirna iskonska sila stvarala se u Bucku.

Une nouvelle ruse a donné à Buck l'équilibre, le calme, le contrôle et l'équilibre.

Nova lukavost dala je Bucku ravnotežu, smirenu kontrolu i staloženost.

Buck s'est concentré sur son adaptation, sans jamais se sentir complètement détendu.

Buck se snažno usredotočio na prilagodbu, nikada se ne osjećajući potpuno opušteno.

Il évitait les conflits, ne déclenchait jamais de bagarres et ne cherchait jamais les ennuis.

Izbjegavao je sukobe, nikada nije započinjao svađe niti tražio probleme.

Une réflexion lente et constante façonnait chaque mouvement de Buck.

Spora, postojana promišljenost oblikovala je svaki Buckov pokret.

Il évitait les choix irréfléchis et les décisions soudaines et imprudentes.

Izbjegavao je brzoplete izbore i iznenadne, nepromišljene odluke.

Bien que Buck détestait profondément Spitz, il ne lui montrait aucune agressivité.

Iako je Buck duboko mrzio Spitza, nije pokazivao nikakvu agresiju prema njemu.

Buck n'a jamais provoqué Spitz et a gardé ses actions contenues.

Buck nikada nije provocirao Spitza i držao se suzdržano u svojim postupcima.

Spitz, de son côté, sentait le danger grandissant chez Buck.

Spitz je, s druge strane, osjetio rastuću opasnost u Bucku.

Il considérait Buck comme une menace et un sérieux défi à son pouvoir.

Bucka je vidio kao prijetnju i ozbiljan izazov svojoj moći.

Il profitait de chaque occasion pour grogner et montrer ses dents acérées.

Koristio je svaku priliku da zareži i pokaže oštre zube.

Il essayait de déclencher le combat mortel qui devait avoir lieu.

Pokušavao je započeti smrtonosnu borbu koja je morala doći.

Au début du voyage, une bagarre a failli éclater entre eux.

Na početku putovanja, gotovo je izbila tučnjava među njima.

Mais un accident inattendu a empêché le combat d'avoir lieu.

Ali neočekivana nesreća spriječila je borbu.

Ce soir-là, ils installèrent leur campement sur le lac Le Barge, extrêmement froid.

Te večeri postavili su logor na jako hladnom jezeru Le Barge.

La neige tombait fort et le vent soufflait comme un couteau.

Snijeg je padao snažno, a vjetar je rezao kao nož.

La nuit était venue trop vite et l'obscurité les entourait.

Noć je pala prebrzo i obavila ih je tama.

Ils n'auraient pas pu choisir un pire endroit pour se reposer.

Teško su mogli odabrati gore mjesto za odmor.

Les chiens cherchaient désespérément un endroit où se coucher.

Psi su očajnički tražili mjesto za leći.

Un haut mur de roche s'élevait abruptement derrière le petit groupe.

Visoki kameni zid strmo se uzdizao iza male skupine.

La tente avait été laissée à Dyea pour alléger la charge.

Šator je bio ostavljen u Dyei kako bi se olakšao teret.

Ils n'avaient pas d'autre choix que d'allumer le feu sur la glace elle-même.

Nisu imali drugog izbora nego zapaliti vatru na samom ledu.

Ils étendent leurs robes de nuit directement sur le lac gelé.

Raširili su svoje spavaćice direktno na zaleđenom jezeru.

Quelques bâtons de bois flotté leur ont donné un peu de feu.

Nekoliko naplavljenih drva dalo im je malo vatre.

Mais le feu s'est allumé sur la glace et a fondu à travers elle.

Ali vatra je bila naložena na ledu i odmrznula se kroz njega.

Finalement, ils mangeaient leur dîner dans l'obscurité.

Napokon su večerali u mraku.

Buck s'est recroquevillé près du rocher, à l'abri du vent froid.

Buck se sklupčao pokraj stijene, zaklonjen od hladnog vjetra.

L'endroit était si chaud et sûr que Buck détestait déménager.

Mjesto je bilo tako toplo i sigurno da se Buck mrzio odseliti.

Mais François avait réchauffé le poisson et distribuait les rations.

Ali François je podgrijao ribu i dijelio je obroke.

Buck finit de manger rapidement et retourna dans son lit.

Buck je brzo završio s jelom i vratio se u krevet.

Mais Spitz était maintenant allongé là où Buck avait fait son lit.

Ali Spitz je sada ležao tamo gdje mu je Buck namjestio krevet.

Un grognement sourd avertit Buck que Spitz refusait de bouger.

Tiho režanje upozorilo je Bucka da se Spitz odbija pomaknuti.

Jusqu'à présent, Buck avait évité ce combat avec Spitz.

Do sada je Buck izbjegavao ovu borbu sa Spitzom.

Mais au plus profond de Buck, la bête s'est finalement libérée.
Ali duboko u Bucku, zvijer se konačno oslobodila.
Le vol de son lieu de couchage était trop difficile à tolérer.
Krađa njegovog mjesta za spavanje bila je previše za tolerirati.
Buck se lança sur Spitz, plein de colère et de rage.
Buck se bacio na Spitza, pun ljutnje i bijesa.
Jusqu'à présent, Spitz pensait que Buck n'était qu'un gros chien.
Do nedavno, Spitz je mislio da je Buck samo veliki pas.
Il ne pensait pas que Buck avait survécu grâce à son esprit.
Nije mislio da je Buck preživio zahvaljujući svom duhu.
Il s'attendait à la peur et à la lâcheté, pas à la fureur et à la vengeance.
Očekivao je strah i kukavičluk, a ne bijes i osvetu.
François regarda les deux chiens sortir du nid en ruine.
François je zurio dok su oba psa iskakala iz razorenog gnijezda.
Il comprit immédiatement ce qui avait déclenché cette lutte sauvage.
Odmah je shvatio što je započelo divlju borbu.
« Aa-ah ! » s'écria François en soutien au chien brun.
„Aa-ah!" uzviknuo je François podržavajući smeđeg psa.
« Frappez-le ! Par Dieu, punissez ce voleur sournois ! »
"Daj mu batine! Bože, kazni tog podmuklog lopova!"
Spitz a montré une volonté égale et une impatience folle de se battre.
Spitz je pokazao jednaku spremnost i divlju želju za borbom.
Il cria de rage tout en tournant rapidement en rond, cherchant une ouverture.
Bijesno je kriknuo dok je brzo kružio tražeći otvor.
Buck a montré la même soif de combat et la même prudence.
Buck je pokazao istu glad za borbom i isti oprez.
Il a également encerclé son adversaire, essayant de prendre le dessus dans la bataille.
Kružio je i oko svog protivnika, pokušavajući steći prednost u borbi.

Puis quelque chose d'inattendu s'est produit et a tout changé.

Tada se dogodilo nešto neočekivano i sve promijenilo.

Ce moment a retardé l'éventuelle lutte pour le leadership.

Taj trenutak je odgodio konačnu borbu za vodstvo.

De nombreux kilomètres de piste et de lutte attendaient encore avant la fin.

Mnogo kilometara puta i borbe još je čekalo do kraja.

Perrault cria un juron tandis qu'une massue frappait un os.

Perrault je viknuo psovku dok je toljaga udarila o kost.

Un cri aigu de douleur suivit, puis le chaos explosa tout autour.

Uslijedio je oštar krik boli, a zatim je kaos eksplodirao posvuda.

Des formes sombres se déplaçaient dans le camp ; des huskies sauvages, affamés et féroces.

Tamne su se siluete kretale logorom; divlji haskiji, izgladnjeli i divlji.

Quatre ou cinq douzaines de huskies avaient reniflé le camp de loin.

Četiri ili pet tuceta haskija nanjušilo je logor izdaleka.

Ils s'étaient glissés discrètement pendant que les deux chiens se battaient à proximité.

Tiho su se ušuljali dok su se dva psa svađala u blizini.

François et Perrault chargèrent en brandissant des massues sur les envahisseurs.

François i Perrault su jurnuli, zamahujući palicama prema osvajačima.

Les huskies affamés ont montré les dents et ont riposté avec frénésie.

Izgladnjeli haskiji pokazali su zube i mahnito uzvratili.

L'odeur de la viande et du pain les avait chassés de toute peur.

Miris mesa i kruha otjerao ih je iz ruku sav strah.

Perrault battait un chien qui avait enfoui sa tête dans la boîte à nourriture.

Perrault je pretukao psa koji je zario glavu u kutiju s hranom.

Le coup a été violent et la boîte s'est retournée, la nourriture s'est répandue.

Udarac je bio snažan, kutija se prevrnula i hrana se prosula.

En quelques secondes, une vingtaine de bêtes sauvages déchirèrent le pain et la viande.

Za nekoliko sekundi, desetak divljih zvijeri rastrgalo je kruh i meso.

Les clubs masculins ont porté coup sur coup, mais aucun chien ne s'est détourné.

Muške palice su zadavale udarac za udarcem, ali nijedan pas se nije okrenuo.

Ils hurlaient de douleur, mais se battaient jusqu'à ce qu'il ne reste plus de nourriture.

Zavijali su od boli, ali su se borili sve dok im nije ostalo hrane.

Pendant ce temps, les chiens de traîneau avaient sauté de leurs lits enneigés.

U međuvremenu, psi za vuču saonica skočili su iz svojih snježnih kreveta.

Ils ont été immédiatement attaqués par les huskies vicieux et affamés.

Odmah su ih napali okrutni gladni haskiji.

Buck n'avait jamais vu de créatures aussi sauvages et affamées auparavant.

Buck nikada prije nije vidio tako divlja i izgladnjela stvorenja.

Leur peau pendait librement, cachant à peine leur squelette.

Koža im je visjela opušteno, jedva skrivajući kosture.

Il y avait un feu dans leurs yeux, de faim et de folie

U njihovim očima gorjela je vatra, od gladi i ludila

Il n'y avait aucun moyen de les arrêter, aucune résistance à leur ruée sauvage.

Nije ih se moglo zaustaviti; nije se moglo oduprijeti njihovom divljem naletu.

Les chiens de traîneau furent repoussés, pressés contre la paroi de la falaise.

Psi za saonice bili su odgurnuti unatrag, pritisnuti uz zid litice.

Trois huskies ont attaqué Buck en même temps, déchirant sa chair.

Tri haskija su odjednom napala Bucka, kidajući mu meso.
Du sang coulait de sa tête et de ses épaules, là où il avait été coupé.
Krv mu je curila iz glave i ramena, gdje je bio porezan.
Le bruit remplissait le camp : grognements, cris et cris de douleur.
Buka je ispunila logor; režanje, cviljenje i bolni krici.
Billee pleurait fort, comme d'habitude, prise dans la mêlée et la panique.
Billee je glasno plakala, kao i obično, uhvaćena usred svađe i panike.
Dave et Solleks se tenaient côte à côte, saignant mais provocants.
Dave i Solleks stajali su jedan pored drugoga, krvareći, ali prkosno.
Joe s'est battu comme un démon, mordant tout ce qui s'approchait.
Joe se borio kao demon, grizući sve što mu se približilo.
Il a écrasé la jambe d'un husky d'un claquement brutal de ses mâchoires.
Jednim brutalnim škljocanjem čeljusti zdrobio je haskiju nogu.
Pike a sauté sur le husky blessé et lui a brisé le cou instantanément.
Štuka je skočila na ranjenog haskija i odmah mu slomila vrat.
Buck a attrapé un husky par la gorge et lui a déchiré la veine.
Buck je uhvatio haskija za grlo i rastrgao mu venu.
Le sang gicla et le goût chaud poussa Buck dans une frénésie.
Krv je prskala, a topli okus je Bucka izludio.
Il s'est jeté sur un autre agresseur sans hésitation.
Bez oklijevanja se bacio na drugog napadača.
Au même moment, des dents acérées s'enfoncèrent dans la gorge de Buck.
U istom trenutku, oštri zubi zarili su se u Buckovo grlo.
Spitz avait frappé de côté, attaquant sans avertissement.
Spitz je udario sa strane, napadajući bez upozorenja.

Perrault et François avaient vaincu les chiens en volant la nourriture.
Perrault i François su pobijedili pse koji su krali hranu.
Ils se sont alors précipités pour aider leurs chiens à repousser les attaquants.
Sada su požurili pomoći svojim psima u borbi protiv napadača.
Les chiens affamés se retirèrent tandis que les hommes brandissaient leurs gourdins.
Izgladnjeli psi su se povukli dok su muškarci zamahivali svojim palicama.
Buck s'est libéré de l'attaque, mais l'évasion a été brève.
Buck se oslobodio napada, ali bijeg je bio kratak.
Les hommes ont couru pour sauver leurs chiens, et les huskies ont de nouveau afflué.
Muškarci su potrčali spasiti svoje pse, a haskiji su se ponovno rojili.
Billee, effrayé et courageux, sauta dans la meute de chiens.
Billee, prestrašena i hrabra, skočila je u čopor pasa.
Mais il s'est alors enfui sur la glace, saisi de terreur et de panique.
Ali onda je pobjegao preko leda, u čistom užasu i panici.
Pike et Dub suivaient de près, courant pour sauver leur vie.
Pike i Dub su ih slijedili u stopu, bježeći spašavajući živote.
Le reste de l'équipe s'est séparé et dispersé, les suivant.
Ostatak tima se raspršio i krenuo za njima.
Buck rassembla ses forces pour courir, mais vit alors un éclair.
Buck je skupio snagu da potrči, ali tada je ugledao bljesak.
Spitz s'est jeté sur le côté de Buck, essayant de le faire tomber au sol.
Spitz se skočio na Bucka, pokušavajući ga srušiti na tlo.
Sous cette foule de huskies, Buck n'aurait eu aucune échappatoire.
Pod tom ruljom haskija, Buck ne bi imao bijega.
Mais Buck est resté ferme et s'est préparé au coup de Spitz.
Ali Buck je stajao čvrsto i pripremio se za Spitzov udarac.

Puis il s'est retourné et a couru sur la glace avec l'équipe en fuite.
Zatim se okrenuo i istrčao na led s ekipom u bijegu.

Plus tard, les neuf chiens de traîneau se sont rassemblés à l'abri des bois.
Kasnije se devet pasa za vuču saonica okupilo u zaklonu šume.

Personne ne les poursuivait plus, mais ils étaient battus et blessés.
Nitko ih više nije progonio, ali su bili pretučeni i ranjeni.

Chaque chien avait des blessures ; quatre ou cinq coupures profondes sur chaque corps.
Svaki pas je imao rane; četiri ili pet dubokih posjekotina na svakom tijelu.

Dub avait une patte arrière blessée et avait du mal à marcher maintenant.
Dub je imao ozlijeđenu stražnju nogu i sada se mučio hodati.

Dolly, le nouveau chien de Dyea, avait la gorge tranchée.
Dolly, najnoviji pas iz Dyee, imao je prerezan grkljan.

Joe avait perdu un œil et l'oreille de Billee était coupée en morceaux
Joe je izgubio oko, a Billeeju je uho bilo rasječeno na komadiće.

Tous les chiens ont crié de douleur et de défaite toute la nuit.
Svi su psi cijelu noć plakali od boli i poraza.

À l'aube, ils retournèrent au camp, endoloris et brisés.
U zoru su se prikrali natrag u logor, bolni i slomljeni.

Les huskies avaient disparu, mais le mal était fait.
Haskiji su nestali, ali šteta je bila učinjena.

Perrault et François étaient de mauvaise humeur à cause de la ruine.
Perrault i François stajali su loše volje nad ruševinama.

La moitié de la nourriture avait disparu, volée par les voleurs affamés.
Polovica hrane je nestala, ukrali su je gladni lopovi.

Les huskies avaient déchiré les fixations et la toile du traîneau.

Haskiji su prodrli kroz vezove saonica i platno.

Tout ce qui avait une odeur de nourriture avait été complètement dévoré.

Sve što je mirisalo na hranu bilo je potpuno proždirano.

Ils ont mangé une paire de bottes de voyage en peau d'élan de Perrault.

Pojeli su par Perraultovih putnih čizama od losove kože.

Ils ont mâché des reis en cuir et ruiné des sangles au point de les rendre inutilisables.

Žvakali su kožne reise i uništavali remene do te mjere da su bili neupotrebljivi.

François cessa de fixer le fouet déchiré pour vérifier les chiens.

François je prestao zuriti u poderanu biču kako bi provjerio pse.

« Ah, mes amis », dit-il d'une voix basse et pleine d'inquiétude.

„Ah, prijatelji moji", rekao je tihim glasom punim brige.

« Peut-être que toutes ces morsures vous transformeront en bêtes folles. »

„Možda će vas svi ovi ugrizi pretvoriti u lude zvijeri."

« Peut-être que ce sont tous des chiens enragés, sacredam ! Qu'en penses-tu, Perrault ? »

„Možda su svi ludi psi, sacredam! Što misliš, Perrault?"

Perrault secoua la tête, les yeux sombres d'inquiétude et de peur.

Perrault je odmahnuo glavom, oči su mu bile tamne od zabrinutosti i straha.

Il y avait encore quatre cents milles entre eux et Dawson.

Između njih i Dawsona još je bilo četiristo milja.

La folie canine pourrait désormais détruire toute chance de survie.

Pseće ludilo sada bi moglo uništiti svaku šansu za preživljavanje.

Ils ont passé deux heures à jurer et à essayer de réparer le matériel.

Proveli su dva sata psujući i pokušavajući popraviti opremu.

L'équipe blessée a finalement quitté le camp, brisée et vaincue.

Ranjena ekipa je konačno napustila logor, slomljena i poražena.

C'était le sentier le plus difficile jusqu'à présent, et chaque pas était douloureux.

Ovo je bila najteža staza do sada, i svaki korak je bio bolan.

La rivière Thirty Mile n'était pas gelée et coulait à flots.

Rijeka Trideset milja nije se zaledila i divlje je jurila.

Ce n'est que dans les endroits calmes et les tourbillons que la glace parvenait à tenir.

Samo na mirnim mjestima i u vrtložnim virovima led se uspio održati.

Six jours de dur labeur se sont écoulés jusqu'à ce que les trente milles soient parcourus.

Prošlo je šest dana teškog rada dok se trideset milja nije prešlo.

Chaque kilomètre parcouru sur le sentier apportait du danger et une menace de mort.

Svaka milja staze donosila je opasnost i prijetnju smrću.

Les hommes et les chiens risquaient leur vie à chaque pas douloureux.

Muškarci i psi riskirali su svoje živote svakim bolnim korakom.

Perrault a franchi des ponts de glace minces à une douzaine de reprises.

Perrault je probijao tanke ledene mostove desetak puta.

Il portait une perche et la laissait tomber sur le trou que son corps avait fait.

Nosio je motku i pustio je da padne preko rupe koju je napravilo njegovo tijelo.

Plus d'une fois, ce poteau a sauvé Perrault de la noyade.

Više puta je taj stup spasio Perraulta od utapanja.

La vague de froid persistait, l'air était à cinquante degrés en dessous de zéro.

Hladni val se držao čvrsto, zrak je bio pedeset stupnjeva ispod nule.

Chaque fois qu'il tombait, Perrault devait allumer un feu pour survivre.

Svaki put kad bi upao, Perrault je morao zapaliti vatru da bi preživio.

Les vêtements mouillés gelaient rapidement, alors il les séchait près d'une source de chaleur intense.

Mokra odjeća se brzo smrzavala, pa ju je sušil blizu žarke vrućine.

Aucune peur n'a jamais touché Perrault, et cela a fait de lui un courrier.

Perraulta nikada nije obuzeo strah, i to ga je činilo glasnikom.

Il a été choisi pour le danger, et il l'a affronté avec une résolution tranquille.

Bio je izabran za opasnost i suočio se s njom s tihom odlučnošću.

Il s'avança face au vent, son visage ratatiné et gelé.

Gurao se naprijed u vjetar, smežurano lice mu je bilo promrzlo.

De l'aube naissante à la tombée de la nuit, Perrault les mena en avant.

Od slabašnog svitanja do sumraka, Perrault ih je vodio naprijed.

Il marchait sur une étroite bordure de glace qui se fissurait à chaque pas.

Hodao je po uskom rubu leda koji je pucao sa svakim korakom.

Ils n'osaient pas s'arrêter : chaque pause risquait de provoquer un effondrement mortel.

Nisu se usudili stati - svaka pauza riskirala je smrtonosni kolaps.

Un jour, le traîneau s'est brisé, entraînant Dave et Buck à l'intérieur.

Jednom su se saonice probile, povukavši Davea i Bucka unutra.

Au moment où ils ont été libérés, tous deux étaient presque gelés.

Dok su ih izvukli, oboje su bili gotovo smrznuti.

Les hommes ont rapidement allumé un feu pour garder Buck et Dave en vie.

Muškarci su brzo naložili vatru kako bi Buck i Dave ostali živi.

Les chiens étaient recouverts de glace du nez à la queue, raides comme du bois sculpté.

Psi su bili prekriveni ledom od nosa do repa, ukočeni poput rezbarenog drva.

Les hommes les faisaient courir en rond près du feu pour décongeler leurs corps.

Muškarci su ih kružili blizu vatre kako bi im odmrznuli tijela.

Ils se sont approchés si près des flammes que leur fourrure a été brûlée.

Prišli su toliko blizu plamenu da im je krzno bilo spaljeno.

Spitz a ensuite brisé la glace, entraînant l'équipe derrière lui.

Spitz je sljedeći probio led, povlačeći za sobom ekipu.

La cassure s'est étendue jusqu'à l'endroit où Buck tirait.

Prekid je dosezao sve do mjesta gdje je Buck vukao.

Buck se pencha en arrière, ses pattes glissant et tremblant sur le bord.

Buck se snažno nagnuo unatrag, šape su mu klizile i drhtale na rubu.

Dave a également tendu vers l'arrière, juste derrière Buck sur la ligne.

Dave se također naprezao unatrag, odmah iza Bucka na liniji.

François tirait sur le traîneau, ses muscles craquant sous l'effort.

François je vukao sanjke, mišići su mu pucali od napora.

Une autre fois, la glace du bord s'est fissurée devant et derrière le traîneau.

Drugi put, rubni led je pukao ispred i iza saonica.

Ils n'avaient d'autre issue que d'escalader une paroi rocheuse gelée.

Nisu imali drugog izlaza osim penjanja uz zaleđenu liticu.

Perrault a réussi à escalader le mur, mais un miracle l'a maintenu en vie.

Perrault se nekako popeo na zid; čudo ga je održalo na životu.

François resta en bas, priant pour avoir le même genre de chance.

François je ostao dolje, moleći se za istu vrstu sreće.

Ils ont attaché chaque sangle, chaque amarrage et chaque traçage en une seule longue corde.

Svezali su svaki remen, konop i trag u jedno dugo uže.

Les hommes ont hissé chaque chien, un par un, jusqu'au sommet.

Muškarci su vukli svakog psa gore, jednog po jednog, do vrha.

François est monté en dernier, après le traîneau et toute la charge.

François se popeo zadnji, nakon saonica i cijelog tereta.

Commença alors une longue recherche d'un chemin pour descendre des falaises.

Tada je započela duga potraga za stazom koja vodi dolje s litica.

Ils sont finalement descendus en utilisant la même corde qu'ils avaient fabriquée.

Konačno su se spustili koristeći isto uže koje su sami napravili.

La nuit tombait alors qu'ils retournaient au lit de la rivière, épuisés et endoloris.

Pala je noć dok su se vraćali u korito rijeke, iscrpljeni i bolni.

La journée entière ne leur avait permis de gagner qu'un quart de mile.

Trebao im je cijeli dan da pređu samo četvrt milje.

Au moment où ils atteignirent le Hootalinqua, Buck était épuisé.

Dok su stigli do Hootalinque, Buck je bio iscrpljen.

Les autres chiens ont tout autant souffert des conditions du sentier.

Ostali psi su jednako teško patili od uvjeta na stazi.

Mais Perrault avait besoin de récupérer du temps et les poussait chaque jour.

Ali Perrault je trebao nadoknaditi vrijeme i svaki ih je dan
gurao naprijed.

**Le premier jour, ils ont parcouru trente miles jusqu'à Big
Salmon.**

Prvog dana putovali su trideset milja do Big Salmona.

**Le lendemain, ils parcoururent trente-cinq milles jusqu'à
Little Salmon.**

Sljedećeg dana putovali su trideset pet milja do Little Salmona.

**Le troisième jour, ils ont parcouru quarante longs kilomètres
gelés.**

Trećeg dana su se probili kroz dugačkih četrdeset zaleđenih
milja.

**À ce moment-là, ils approchaient de la colonie de Five
Fingers.**

Do tada su se približavali naselju Pet Prsta.

**Les pieds de Buck étaient plus doux que les pieds durs des
huskies indigènes.**

Buckove su noge bile mekše od tvrdih nogu domaćih haskija.

**Ses pattes étaient devenues plus fragiles au fil des
générations civilisées.**

Šape su mu omekšale tijekom mnogih civiliziranih generacija.

**Il y a longtemps, ses ancêtres avaient été apprivoisés par des
hommes de la rivière ou des chasseurs.**

Davno su njegove pretke pripitomili riječni ljudi ili lovci.

**Chaque jour, Buck boitait de douleur, marchant sur des
pattes à vif et douloureuses.**

Buck je svaki dan šepao od boli, hodajući po izubijanim,
bolnim šapama.

**Au camp, Buck tomba comme une forme sans vie sur la
neige.**

U logoru, Buck se srušio poput beživotnog tijela na snijeg.

**Bien qu'affamé, Buck ne s'est pas levé pour manger son
repas du soir.**

Iako je bio izgladnjen, Buck nije ustao da pojede večeru.

**François apporta sa ration à Buck, en déposant du poisson
près de son museau.**

François je donio Bucku njegovu hranu, stavljajući mu ribu kraj njuške.

Chaque nuit, le chauffeur frottait les pieds de Buck pendant une demi-heure.

Svake noći vozač je masirao Buckove noge pola sata.

François a même découpé ses propres mocassins pour en faire des chaussures pour chiens.

François je čak i sam izrezao mokasine kako bi napravio obuću za pse.

Quatre chaussures chaudes ont apporté à Buck un grand et bienvenu soulagement.

Četiri tople cipele pružile su Bucku veliko i dobrodošlo olakšanje.

Un matin, François oublia ses chaussures et Buck refusa de se lever.

Jednog jutra, François je zaboravio cipele, a Buck je odbio ustati.

Buck était allongé sur le dos, les pieds en l'air, les agitant pitoyablement.

Buck je ležao na leđima, s nogama u zraku, jadno mašući njima.

Même Perrault sourit à la vue de l'appel dramatique de Buck.

Čak se i Perrault nasmiješio pri pogledu na Buckovu dramatičnu molbu.

Bientôt, les pieds de Buck devinrent durs et les chaussures purent être jetées.

Uskoro su Bucku otvrdnula stopala i cipele su se mogle baciti.

À Pelly, pendant le temps du harnais, Dolly laissait échapper un hurlement épouvantable.

U Pellyju, za vrijeme jahanja, Dolly je ispustila strašan zavijati.

Le cri était long et rempli de folie, secouant chaque chien.

Krik je bio dug i ispunjen ludošću, tresući svakog psa.

Chaque chien se hérissait de peur sans en connaître la raison.

Svaki se pas nakostriješio od straha ne znajući razlog.

Dolly était devenue folle et s'était jetée directement sur Buck.

Dolly je poludjela i bacila se ravno na Bucka.

Buck n'avait jamais vu la folie, mais l'horreur remplissait son cœur.

Buck nikada nije vidio ludilo, ali užas mu je ispunio srce.

Sans réfléchir, il se retourna et s'enfuit, complètement paniqué.

Bez razmišljanja, okrenuo se i pobjegao u potpunoj panici.

Dolly le poursuivit, les yeux fous, la salive s'échappant de ses mâchoires.

Dolly ga je progonila, divljih očiju, slina joj je letjela iz čeljusti.

Elle est restée juste derrière Buck, sans jamais gagner ni reculer.

Držala se odmah iza Bucka, nikada ga ne sustižući niti nazadujući.

Buck courut à travers les bois, le long de l'île, sur de la glace déchiquetée.

Buck je trčao kroz šumu, niz otok, preko nazubljenog leda.

Il traversa vers une île, puis une autre, revenant vers la rivière.

Prešao je do jednog otoka, zatim do drugog, vraćajući se kružeći prema rijeci.

Dolly le poursuivait toujours, son grognement le suivant de près à chaque pas.

Dolly ga je i dalje progonila, režeći odmah iza sebe na svakom koraku.

Buck pouvait entendre son souffle et sa rage, même s'il n'osait pas regarder en arrière.

Buck je mogao čuti njezin dah i bijes, iako se nije usudio pogledati unatrag.

François cria de loin, et Buck se tourna vers la voix.

François je viknuo izdaleka, a Buck se okrenuo prema glasu.

Encore à bout de souffle, Buck courut, plaçant tout espoir en François.

Još uvijek hvatajući zrak, Buck je protrčao, polažući svu nadu u Françoisa.

Le conducteur du chien leva une hache et attendit que Buck passe à toute vitesse.

Vozač psa podigao je sjekiru i čekao dok je Buck proletio.

La hache s'abattit rapidement et frappa la tête de Dolly avec une force mortelle.

Sjekira se brzo spustila i udarila Dolly u glavu smrtonosnom snagom.

Buck s'est effondré près du traîneau, essoufflé et incapable de bouger.

Buck se srušio blizu saonica, hripajući i nesposoban za kretanje.

Ce moment a donné à Spitz l'occasion de frapper un ennemi épuisé.

Taj trenutak je Spitzu dao priliku da udari iscrpljenog protivnika.

Il a mordu Buck à deux reprises, déchirant la chair jusqu'à l'os blanc.

Dvaput je ugrizao Bucka, rastrgavši meso do bijele kosti.

Le fouet de François claqua, frappant Spitz avec toute sa force et sa fureur.

Françoisov bič je pucketao, udarivši Spitza punom, bijesnom snagom.

Buck regarda avec joie Spitz recevoir sa raclée la plus dure jusqu'à présent.

Buck je s radošću gledao kako Spitz prima svoje najžešće batine do sada.

« C'est un diable, ce Spitz », murmura sombrement Perrault pour lui-même.

„Pravi je vrag, taj Spitz", mračno je promrmljao Perrault sam sebi.

« Un jour prochain, ce maudit chien tuera Buck, je le jure. »

„Uskoro će taj prokleti pas ubiti Bucka - kunem se."

« Ce Buck a deux démons en lui », répondit François en hochant la tête.

„Taj Buck ima dva vraga u sebi", odgovori François kimajući glavom.

« Quand je regarde Buck, je sais que quelque chose de féroce l'attend. »

„Kad gledam Bucka, znam da u njemu čeka nešto žestoko."

« Un jour, il deviendra fou comme le feu et mettra Spitz en pièces. »

„Jednog dana će se razbjesniti kao vatra i rastrgati Spitza na komadiće."

« Il va mâcher ce chien et le recracher sur la neige gelée. »

„Prožvakat će tog psa i ispljunuti ga na smrznuti snijeg."

« Bien sûr que non, je le sais au plus profond de moi. »

„Naravno da znam to duboko u sebi."

À partir de ce moment-là, les deux chiens étaient engagés dans une guerre.

Od tog trenutka nadalje, dva psa su bila u ratu.

Spitz a dirigé l'équipe et a conservé le pouvoir, mais Buck a contesté cela.

Spitz je predvodio momčad i imao moć, ali Buck je to osporio.

Spitz a vu son rang menacé par cet étrange étranger du Sud.

Spitz je vidio kako mu je rang ugrožen ovim čudnim strancem iz Južne zemlje.

Buck ne ressemblait à aucun autre chien du sud que Spitz avait connu auparavant.

Buck nije bio nalik nijednom južnjačkom psu kojeg je Spitz prije poznavao.

La plupart d'entre eux ont échoué, trop faibles pour survivre au froid et à la faim.

Većina ih je propala - preslabi da bi preživjeli hladnoću i glad.

Ils sont morts rapidement à cause du travail, du gel et de la lenteur de la famine.

Brzo su umirali od rada, mraza i sporog žara gladi.

Buck se démarquait : plus fort, plus intelligent et plus sauvage chaque jour.

Buck se izdvajao - svakim danom jači, pametniji i divljiji.

Il a prospéré dans les difficultés, grandissant jusqu'à égaler les huskies du Nord.

Napredovao je u teškoćama, rastući kako bi se mogao mjeriti sa sjevernim haskijima.

Buck avait de la force, une habileté sauvage et un instinct patient et mortel.

Buck je imao snagu, divlju vještinu i strpljiv, smrtonosni instinkt.

L'homme avec la massue avait fait perdre à Buck toute témérité.

Čovjek s palicom je pretukao Bucka da bude nepromišljen.

La fureur aveugle avait disparu, remplacée par une ruse silencieuse et un contrôle.

Slijepi bijes je nestao, zamijenila ga je tiha lukavština i kontrola.

Il attendait, calme et primitif, guettant le bon moment.

Čekao je, miran i iskonski, tražeći pravi trenutak.

Leur lutte pour le commandement est devenue inévitable et claire.

Njihova borba za prevlast postala je neizbježna i jasna.

Buck désirait être un leader parce que son esprit l'exigeait.

Buck je želio vodstvo jer je to zahtijevao njegov duh.

Il était poussé par l'étrange fierté née du sentier et du harnais.

Pokretao ga je čudan ponos rođen iz staze i uprege.

Cette fierté a poussé les chiens à tirer jusqu'à ce qu'ils s'effondrent sur la neige.

Taj ponos je tjerao pse da vuku dok se ne bi srušili na snijeg.

L'orgueil les a poussés à donner toute la force qu'ils avaient.

Ponos ih je namamio da daju svu snagu koju su imali.

L'orgueil peut attirer un chien de traîneau jusqu'à la mort.

Ponos može namamiti psa za vuču saonica čak i do smrti.

La perte du harnais a laissé les chiens brisés et sans but.

Gubitak pojasa ostavio je pse slomljene i bez svrhe.

Le cœur d'un chien de traîneau peut être brisé par la honte lorsqu'il prend sa retraite.

Srce psa za vuču saonica može biti slomljeno od srama kada se povuku.

Dave vivait avec cette fierté alors qu'il tirait le traîneau par derrière.

Dave je živio s tim ponosom dok je vukao sanjke odostraga.

Solleks, lui aussi, a tout donné avec une force et une loyauté redoutables.

I Solleks je dao sve od sebe s nepokolebljivom snagom i odanošću.

Chaque matin, l'orgueil les faisait passer de l'amertume à la détermination.

Svakog jutra, ponos ih je od ogorčenosti pretvarao u odlučnost.

Ils ont poussé toute la journée, puis sont restés silencieux à la fin du camp.

Gurali su cijeli dan, a onda su utihnuli na kraju logora.

Cette fierté a donné à Spitz la force de battre les tire-au-flanc.

Taj ponos dao je Spitzu snagu da nadmudri one koji gube namjeru.

Spitz craignait Buck parce que Buck portait cette même fierté profonde.

Spitz se bojao Bucka jer je Buck nosio isti taj duboki ponos.

L'orgueil de Buck s'est alors retourné contre Spitz, et il ne s'est pas arrêté.

Buckov se ponos sada uzburkao protiv Spitza i nije stao.

Buck a défié le pouvoir de Spitz et l'a empêché de punir les chiens.

Buck je prkosio Spitzovoj moći i spriječio ga da kažnjava pse.

Lorsque les autres échouaient, Buck s'interposait entre eux et leur chef.

Kad su drugi podbacili, Buck je stao između njih i njihovog vođe.

Il l'a fait intentionnellement, en rendant son défi ouvert et clair.

Učinio je to s namjerom, čineći svoj izazov otvorenim i jasnim.

Une nuit, une forte neige a recouvert le monde d'un profond silence.

Jedne noći gusti snijeg prekrio je svijet dubokom tišinom.

Le lendemain matin, Pike, paresseux comme toujours, ne se leva pas pour aller travailler.

Sljedećeg jutra, Pike, lijen kao i uvijek, nije ustao za posao.

Il est resté caché dans son nid sous une épaisse couche de neige.

Ostao je skriven u svom gnijezdu pod debelim slojem snijega.

François a appelé et cherché, mais n'a pas pu trouver le chien.

François je dozivao i tražio, ali nije mogao pronaći psa.

Spitz devint furieux et se précipita à travers le camp couvert de neige.

Spitz se razbjesnio i projurio kroz snijegom prekriveni logor.

Il grogna et renifla, creusant frénétiquement avec des yeux flamboyants.

Režao je i njuškao, luđački kopajući gorućim očima.

Sa rage était si féroce que Pike tremblait sous la neige de peur.

Njegov bijes bio je toliko žestok da se Pike tresao pod snijegom od straha.

Lorsque Pike fut finalement retrouvé, Spitz se précipita pour punir le chien qui se cachait.

Kad je Pike napokon pronađen, Spitz je skočio kazniti psa koji se skrivao.

Mais Buck s'est précipité entre eux avec une fureur égale à celle de Spitz.

Ali Buck je skočio između njih s bijesom jednakim Spitzovom.

L'attaque fut si soudaine et intelligente que Spitz tomba.

Napad je bio toliko iznenadan i pametan da je Spitz pao s nogu.

Pike, qui tremblait, puisa du courage dans ce défi.

Pike, koji se tresao, ohrabri se zbog ovog prkosa.

Il sauta sur le Spitz tombé, suivant l'exemple audacieux de Buck.

Skočio je na palog Spitza, slijedeći Buckov smjeli primjer.

Buck, n'étant plus tenu par l'équité, a rejoint la grève contre Spitz.

Buck, više ne vezan pravičnošću, pridružio se štrajku na Spitzu.

François, amusé mais ferme dans sa discipline, balançait son lourd fouet.

François, zabavljen, ali čvrst u disciplini, zamahnuo je svojim teškim bičem.

Il frappa Buck de toutes ses forces pour mettre fin au combat.

Udario je Bucka svom snagom kako bi prekinuo borbu.

Buck a refusé de bouger et est resté au sommet du chef tombé.

Buck se odbio pomaknuti i ostao je na vrhu palog vođe.

François a ensuite utilisé le manche du fouet, frappant Buck durement.

François je zatim upotrijebio dršku biča i snažno udario Bucka.

Titubant sous le coup, Buck recula sous l'assaut.

Posrćući od udarca, Buck se srušio pod napadom.

François frappait encore et encore tandis que Spitz punissait Pike.

François je udarao iznova i iznova dok je Spitz kažnjavao Pikea.

Les jours passèrent et Dawson City se rapprocha de plus en plus.

Dani su prolazili, a Dawson City je postajao sve bliže i bliže.

Buck n'arrêtait pas d'intervenir, se glissant entre le Spitz et les autres chiens.

Buck se stalno miješao, uvlačeći se između Spitza i drugih pasa.

Il choisissait bien ses moments, attendant toujours que François parte.

Dobro je birao trenutke, uvijek čekajući da François ode.

La rébellion silencieuse de Buck s'est propagée et le désordre a pris racine dans l'équipe.

Buckova tiha pobuna se proširila, a nered se ukorijenio u timu.

Dave et Solleks sont restés fidèles, mais d'autres sont devenus indisciplinés.

Dave i Solleks ostali su vjerni, ali drugi su postali neposlušni.

L'équipe est devenue de plus en plus agitée, querelleuse et hors de propos.

Tim je postajao sve gori - nemiran, svađalački nastrojen i izvan okvira.

Plus rien ne fonctionnait correctement et les bagarres devenaient courantes.

Ništa više nije funkcioniralo glatko, a tučnjave su postale uobičajene.

Buck est resté au cœur des troubles, provoquant toujours des troubles.

Buck je ostao u središtu problema, uvijek izazivajući nemire.

François restait vigilant, effrayé par le combat entre Buck et Spitz.

François je ostao na oprezu, bojeći se borbe između Bucka i Spitza.

Chaque nuit, des bagarres le réveillaient, craignant que le commencement n'arrive enfin.

Svake noći budile su ga tučnjave, bojeći se da je konačno stigao početak.

Il sauta de sa robe, prêt à mettre fin au combat.

Skočio je sa svoje halje, spreman prekinuti borbu.

Mais le moment n'arriva jamais et ils atteignirent finalement Dawson.

Ali taj trenutak nikada nije došao i napokon su stigli do Dawsona.

L'équipe est entrée dans la ville un après-midi sombre, tendu et calme.

Ekipa je ušla u grad jednog tmurnog poslijepodneva, napeta i tiha.

La grande bataille pour le leadership était encore en suspens dans l'air glacial.

Velika bitka za vodstvo još je uvijek visjela u ledenom zraku.

Dawson était rempli d'hommes et de chiens de traîneau, tous occupés à travailler.

Dawson je bio pun ljudi i pasa za saonice, svi zauzeti poslom.

Buck regardait les chiens tirer des charges du matin au soir.

Buck je od jutra do večeri promatrao kako psi vuku terete.

Ils transportaient des bûches et du bois de chauffage et acheminaient des fournitures vers les mines.

Prevozili su trupce i ogrjevno drvo, prevozili zalihe u rudnike.

Là où les chevaux travaillaient autrefois dans le Southland, les chiens travaillent désormais.

Tamo gdje su nekada na Jugu radili konji, sada su mučili psi.

Buck a vu quelques chiens du Sud, mais la plupart étaient des huskies ressemblant à des loups.

Buck je vidio neke pse s juga, ali većina su bili haskiji nalik vukovima.

La nuit, comme une horloge, les chiens élevaient la voix pour chanter.

Noću, poput sata, psi su podizali glasove u pjesmi.

À neuf heures, à minuit et à nouveau à trois heures, les chants ont commencé.

U devet, u ponoć i opet u tri, pjevanje je počelo.

Buck aimait se joindre à leur chant étrange, au son sauvage et ancien.

Buck se volio pridružiti njihovom jezivom napjevu, divljeg i drevnog zvuka.

Les aurores boréales flamboyaient, les étoiles dansaient et la neige recouvrait le pays.

Aurora je plamtjela, zvijezde su plesale, a snijeg je prekrivao zemlju.

Le chant des chiens s'éleva comme un cri contre le silence et le froid glacial.

Pseća pjesma uzdizala se kao krik protiv tišine i prodorne hladnoće.

Mais leur hurlement contenait de la tristesse, et non du défi, dans chaque longue note.

Ali njihov urlik sadržavao je tugu, a ne prkos, u svakoj dugoj noti.

Chaque cri plaintif était plein de supplications, le fardeau de la vie elle-même.

Svaki jecajni krik bio je pun molbe; teret samog života.

Cette chanson était vieille, plus vieille que les villes et plus vieille que les incendies.

Ta pjesma je bila stara - starija od gradova i starija od požara

Cette chanson était encore plus ancienne que les voix des hommes.

Ta je pjesma bila drevnija čak i od ljudskih glasova.

C'était une chanson du monde des jeunes, quand toutes les chansons étaient tristes.

Bila je to pjesma iz mladog svijeta, kada su sve pjesme bile tužne.

La chanson portait la tristesse d'innombrables générations de chiens.

Pjesma je nosila tugu bezbrojnih generacija pasa.

Buck ressentait profondément la mélodie, gémissant de douleur enracinée dans les âges.

Buck je duboko osjetio melodiju, stenjajući od boli ukorijenjene u stoljećima.

Il sanglotait d'un chagrin aussi vieux que le sang sauvage dans ses veines.

Jecao je od tuge stare kao divlja krv u njegovim venama.

Le froid, l'obscurité et le mystère ont touché l'âme de Buck.

Hladnoća, tama i misterij dirnuli su Buckovu dušu.

Cette chanson prouvait à quel point Buck était revenu à ses origines.

Ta je pjesma dokazala koliko se Buck vratio svojim korijenima.

À travers la neige et les hurlements, il avait trouvé le début de sa propre vie.

Kroz snijeg i zavijanje pronašao je početak vlastitog života.

Sept jours après leur arrivée à Dawson, ils repartent.

Sedam dana nakon dolaska u Dawson, ponovno su krenuli na put.

L'équipe est descendue de la caserne jusqu'au sentier du Yukon.

Tim se spustio iz vojarne do Yukon Traila.

Ils ont commencé le voyage de retour vers Dyea et Salt Water.

Započeli su putovanje natrag prema Dyei i Salt Wateru.

Perrault portait des dépêches encore plus urgentes qu'auparavant.

Perrault je nosio još hitnije depeše nego prije.

Il était également saisi par la fierté du sentier et avait pour objectif d'établir un record.

Također ga je obuzeo ponos na stazu i cilj mu je bio postaviti rekord.

Cette fois, plusieurs avantages étaient du côté de Perrault.

Ovaj put, nekoliko prednosti bilo je na Perraultovoj strani.

Les chiens s'étaient reposés pendant une semaine entière et avaient repris des forces.

Psi su se odmarali cijeli tjedan i povratili snagu.

Le sentier qu'ils avaient ouvert était maintenant damé par d'autres.

Stazu koju su oni prokrčili sada su drugi čvrsto utabali.

À certains endroits, la police avait stocké de la nourriture pour les chiens et les hommes.

Na nekim mjestima policija je imala uskladištenu hranu i za pse i za muškarce.

Perrault voyageait léger, se déplaçait rapidement et n'avait pas grand-chose pour l'alourdir.

Perrault je putovao s malo prtljage, krećući se brzo i s malo što bi ga opterećivalo.

Ils ont atteint Sixty-Mile, une course de cinquante milles, dès la première nuit.

Prve noći stigli su do Šezdesete milje, trke od pedeset milja.

Le deuxième jour, ils se sont précipités sur le Yukon en direction de Pelly.

Drugog dana, jurili su uz Yukon prema Pellyju.

Mais ces beaux progrès ont été accompagnés de beaucoup de difficultés pour François.

Ali takav lijep napredak došao je s velikim naporom za Françoisa.

La rébellion silencieuse de Buck avait brisé la discipline de l'équipe.

Buckova tiha pobuna uništila je disciplinu tima.

Ils ne se rassemblaient plus comme une seule bête dans les rênes.

Više se nisu vukli zajedno kao jedna zvijer u uzdama.

Buck avait conduit d'autres personnes à la défiance par son exemple audacieux.

Buck je svojim hrabrim primjerom naveo druge na prkos.

L'ordre de Spitz n'a plus été accueilli avec crainte ou respect.

Spitzova zapovijed više nije bila dočekana sa strahom ili poštovanjem.

Les autres ont perdu leur respect pour lui et ont osé résister à son règne.

Ostali su izgubili strahopoštovanje prema njemu i usudili su se oduprijeti njegovoj vladavini.

Une nuit, Pike a volé la moitié d'un poisson et l'a mangé sous les yeux de Buck.

Jedne noći, Pike je ukrao pola ribe i pojeo je pred Buckovim okom.

Une autre nuit, Dub et Joe se sont battus contre Spitz et sont restés impunis.

Jedne druge noći, Dub i Joe su se potukli sa Spitzom i prošli nekažnjeno.

Même Billee gémissait moins doucement et montrait une nouvelle vivacité.

Čak je i Billee cvilila manje slatko i pokazala novu oštrinu.

Buck grognait sur Spitz à chaque fois qu'ils se croisaient.

Buck je zarežao na Spitza svaki put kad bi im se putevi ukrstili.

L'attitude de Buck devint audacieuse et menaçante, presque comme celle d'un tyran.

Buckov stav je postao drzak i prijeteći, gotovo poput nasilnika.

Il marchait devant Spitz avec une démarche assurée, pleine de menace moqueuse.

Koračao je pred Spitzom s hvalisavim izrazom lica, punim podrugljive prijetnje.

Cet effondrement de l'ordre s'est également propagé parmi les chiens de traîneau.

Taj slom reda proširio se i među psima za vuču saonica.

Ils se battaient et se disputaient plus que jamais, remplissant le camp de bruit.

Svađali su se i prepirali više nego ikad, ispunjavajući logor bukom.

La vie au camp se transformait chaque nuit en un chaos sauvage et hurlant.

Život u logoru se svake noći pretvarao u divlji, urlajući kaos.

Seuls Dave et Solleks sont restés stables et concentrés.

Samo su Dave i Solleks ostali mirni i usredotočeni.

Mais même eux sont devenus colériques à cause des bagarres incessantes.

Ali čak su i oni postali nagle živci zbog stalnih tučnjava.

François jurait dans des langues étranges et piétinait de frustration.

François je psovao na čudnim jezicima i frustrirano gazio nogama.

Il s'arrachait les cheveux et criait tandis que la neige volait sous ses pieds.

Čupao je kosu i vikao dok je snijeg letio pod njegovim nogama.

Son fouet claqua sur le groupe, mais parvint à peine à les maintenir en ligne.

Bič mu je škljocnuo preko čopora, ali ih je jedva zadržao u redu.

Chaque fois qu'il tournait le dos, les combats reprenaient.

Kad god bi okrenuo leđa, borba bi ponovno izbila.

François a utilisé le fouet pour Spitz, tandis que Buck a dirigé les rebelles.

François je bičem udario Spitza, dok je Buck predvodio pobunjenike.

Chacun connaissait le rôle de l'autre, mais Buck évitait tout blâme.

Svaki je znao ulogu onog drugog, ali Buck je izbjegavao bilo kakvu okrivljavanje.

François n'a jamais surpris Buck en train de provoquer une bagarre ou de se dérober à son travail.

François nikada nije uhvatio Bucka kako započinje tučnjavu ili izbjegava posao.

Buck travaillait dur sous le harnais – le travail lui faisait désormais vibrer l'esprit.

Buck je naporno radio u ormi - naporan rad je sada uzbuđivao njegov duh.

Mais il trouvait encore plus de joie à provoquer des bagarres et du chaos dans le camp.

Ali još je više radosti pronalazio u izazivanju tučnjava i kaosa u logoru.

Un soir, à l'embouchure du Tahkeena, Dub fit sursauter un lapin.

Jedne večeri, na Tahkeeninim ustima, Dub je preplašio zeca.

Il a raté la prise et le lièvre d'Amérique s'est enfui.

Promašio je hvatanje i zec na krpljama je odskočio.

En quelques secondes, toute l'équipe de traîneau s'est lancée à sa poursuite en poussant des cris sauvages.

Za nekoliko sekundi, cijela zaprega je krenula u potjeru uz divlje krike.

À proximité, un camp de la police du Nord-Ouest abritait une cinquantaine de chiens huskys.

U blizini, u kampu sjeverozapadne policije bilo je smješteno pedeset haskija.

Ils se sont joints à la chasse, descendant ensemble la rivière gelée.

Pridružili su se lovu, zajedno jureći niz zaleđenu rijeku.

Le lapin a quitté la rivière et s'est enfui dans le lit d'un ruisseau gelé.

Zec je skrenuo s rijeke, bježeći uz zaleđeno korito potoka.

Le lapin sautait légèrement sur la neige tandis que les chiens peinaient à se frayer un chemin.

Zec je lagano skakutao po snijegu dok su se psi probijali kroz njega.

Buck menait l'énorme meute de soixante chiens dans chaque virage sinueux.

Buck je vodio golemi čopor od šezdeset pasa oko svakog vijugavog zavoja.

Il avança, bas et impatient, mais ne put gagner du terrain.

Gurao se naprijed, nisko i nestrpljivo, ali nije mogao steći prednost.

Son corps brillait sous la lune pâle à chaque saut puissant.

Tijelo mu je bljesnulo pod blijedim mjesecom sa svakim snažnim skokom.

Devant, le lapin se déplaçait comme un fantôme, silencieux et trop rapide pour être attrapé.

Naprijed se zec kretao poput duha, tih i prebrz da bi ga se uhvatilo.

Tous ces vieux instincts – la faim, le frisson – envahirent Buck.

Svi ti stari instinkti - glad, uzbuđenje - prožimali su Bucka.

Les humains ressentent parfois cet instinct et sont poussés à chasser avec une arme à feu et des balles.

Ljudi ponekad osjećaju taj instinkt, vođeni lovom puškom i metkom.

Mais Buck ressentait ce sentiment à un niveau plus profond et plus personnel.

Ali Buck je taj osjećaj osjećao na dubljoj i osobnijoj razini.

Ils ne pouvaient pas ressentir la nature sauvage dans leur sang comme Buck pouvait la ressentir.

Nisu mogli osjetiti divljinu u svojoj krvi onako kako ju je Buck mogao osjetiti.

Il chassait la viande vivante, prêt à tuer avec ses dents et à goûter le sang.

Jurio je za živim mesom, spreman ubiti zubima i okusiti krv.

Son corps se tendait de joie, voulant se baigner dans la vie rouge et chaude.

Tijelo mu se napelo od radosti, želeći se okupati u toplom crvenom životu.

Une joie étrange marque le point le plus élevé que la vie puisse atteindre.

Čudna radost označava najvišu točku koju život ikada može dosegnuti.

La sensation d'un pic où les vivants oublient même qu'ils sont en vie.

Osjećaj vrhunca gdje živi zaboravljaju da su uopće živi.

Cette joie profonde touche l'artiste perdu dans une inspiration fulgurante.

Ta duboka radost dira umjetnika izgubljenog u plamtećoj inspiraciji.

Cette joie saisit le soldat qui se bat avec acharnement et n'épargne aucun ennemi.

Ta radost obuzima vojnika koji se divlje bori i ne štedi nijednog neprijatelja.

Cette joie s'empara alors de Buck alors qu'il menait la meute dans une faim primitive.

Ta radost sada je obuzela Bucka dok je predvodio čopor u iskonskoj gladi.

Il hurla avec le cri ancien du loup, ravi par la chasse vivante.

Zavijao je drevnim vučjim krikom, uzbuđen živom potjerom.

Buck a puisé dans la partie la plus ancienne de lui-même, perdue dans la nature.

Buck je dotaknuo najstariji dio sebe, izgubljen u divljini.

Il a puisé au plus profond de lui-même, au-delà de la mémoire, dans le temps brut et ancien.

Posegnuo je duboko u sebe, u prošlost sjećanja, u sirovo, drevno vrijeme.

Une vague de vie pure a traversé chaque muscle et chaque tendon.

Val čistog života prostrujao je kroz svaki mišić i tetivu.

Chaque saut criait qu'il vivait, qu'il traversait la mort.

Svaki skok je vikao da živi, da se kreće kroz smrt.

Son corps s'élevait joyeusement au-dessus d'une terre calme et froide qui ne bougeait jamais.

Njegovo tijelo se radosno vinulo nad mirnom, hladnom zemljom koja se nikada nije micala.

Spitz est resté froid et rusé, même dans ses moments les plus fous.

Spitz je ostao hladan i lukav, čak i u svojim najluđim trenucima.

Il quitta le sentier et traversa un terrain où le ruisseau formait une large courbe.

Napustio je stazu i prešao preko zemlje gdje je potok široko zavijao.

Buck, inconscient de cela, resta sur le chemin sinueux du lapin.

Buck, nesvjestan toga, ostao je na zečjoj vijugavoj stazi.

Puis, alors que Buck tournait un virage, le lapin fantomatique était devant lui.

Tada, dok je Buck zaobilazio zavoj, zec nalik duhu našao se pred njim.

Il vit une deuxième silhouette sauter de la berge devant la proie.

Vidio je drugu figuru kako skače s obale ispred plijena.

La silhouette était celle d'un Spitz, atterrissant juste sur le chemin du lapin en fuite.

Figura je bila Spitz, koji je sletio točno na put zecu u bijegu.

Le lapin ne pouvait pas se retourner et a rencontré les mâchoires de Spitz en plein vol.

Zec se nije mogao okrenuti i u zraku je sreo Spitzove čeljusti.

La colonne vertébrale du lapin se brisa avec un cri aussi aigu que le cri d'un humain mourant.

Zečja kralježnica slomila se uz krik oštar poput plača umirućeg čovjeka.

À ce bruit – la chute de la vie à la mort – la meute hurla fort.

Na taj zvuk - pad iz života u smrt - čopor je glasno zaurlao.

Un chœur sauvage s'éleva derrière Buck, plein de joie sombre.

Divlji zbor se podigao iza Bucka, pun mračnog užitka.

Buck n'a émis aucun cri, aucun son, et a chargé directement Spitz.

Buck nije kriknuo, nije ispustio ni glasa, već je jurnuo ravno na Spitza.

Il a visé la gorge, mais a touché l'épaule à la place.

Ciljao je u grlo, ali je umjesto toga pogodio rame.

Ils dégringolèrent dans la neige molle, leurs corps bloqués dans le combat.

Prevrtali su se kroz mekani snijeg; njihova su tijela bila zbijena u borbi.

Spitz se releva rapidement, comme s'il n'avait jamais été renversé.

Spitz je brzo skočio, kao da nikada nije pao.

Il a entaillé l'épaule de Buck, puis s'est éloigné du combat.

Posjekao je Bucka po ramenu, a zatim skočio iz borbe.

À deux reprises, ses dents claquèrent comme des pièges en acier, ses lèvres se retroussèrent et devinrent féroces.

Dvaput su mu zubi škljocnuli poput čeličnih zamki, usne su mu bile izvijene i žestoke.

Il recula lentement, cherchant un sol ferme sous ses pieds.

Polako se povukao, tražeći čvrsto tlo pod nogama.

Buck a compris le moment instantanément et pleinement.

Buck je odmah i potpuno shvatio trenutak.

Le moment était venu ; le combat allait être un combat à mort.

Vrijeme je došlo; borba će biti borba do smrti.

Les deux chiens tournaient en rond, grognant, les oreilles plates, les yeux plissés.

Dva psa su kružila, režeći, spljoštenih ušiju i suženih očiju.

Chaque chien attendait que l'autre montre une faiblesse ou fasse un faux pas.

Svaki je pas čekao da onaj drugi pokaže slabost ili pogrešan korak.

Pour Buck, la scène semblait étrangement connue et profondément ancrée dans ses souvenirs.

Bucku se ta scena činila jezivo poznatom i duboko zapamćenom.

Les bois blancs, la terre froide, la bataille au clair de lune.

Bijele šume, hladna zemlja, bitka pod mjesečinom.

Un silence pesant emplissait le pays, profond et contre nature.

Teška tišina ispunila je zemlju, duboka i neprirodna.

Aucun vent ne soufflait, aucune feuille ne bougeait, aucun bruit ne brisait le silence.

Niti jedan vjetar se nije pomaknuo, niti jedan list nije pomaknuo, niti jedan zvuk nije narušio tišinu.

Le souffle des chiens s'élevait comme de la fumée dans l'air glacial et calme.

Pseći dah dizao se poput dima u smrznutom, tihom zraku.

Le lapin a été depuis longtemps oublié par la meute de bêtes sauvages.

Zec je bio odavno zaboravljen od strane čopora divljih zvijeri.

Ces loups à moitié apprivoisés se tenaient maintenant immobiles dans un large cercle.

Ovi polupripitomljeni vukovi sada su stajali mirno u širokom krugu.

Ils étaient silencieux, seuls leurs yeux brillants révélaient leur faim.

Bili su tihi, samo su im sjajne oči otkrivale glad.

Leur souffle s'éleva, regardant le combat final commencer.

Dah im se podigao prema gore, gledajući kako počinje posljednja borba.

Pour Buck, cette bataille était ancienne et attendue, pas du tout étrange.

Za Bucka, ova bitka je bila stara i očekivana, nimalo čudna.

C'était comme un souvenir de quelque chose qui devait arriver depuis toujours.

Osjećalo se kao sjećanje na nešto što se oduvijek trebalo dogoditi.

Le Spitz était un chien de combat entraîné, affiné par d'innombrables bagarres sauvages.

Špic je bio dresirani borbeni pas, izbrušen bezbrojnim divljim tučnjavama.

Du Spitzberg au Canada, il a vaincu de nombreux ennemis.

Od Spitzbergena do Kanade, savladao je mnoge neprijatelje.

Il était rempli de fureur, mais n'a jamais cédé au contrôle de la rage.

Bio je ispunjen bijesom, ali nikada nije dao kontrolu nad bijesom.

Sa passion était vive, mais toujours tempérée par un instinct dur.

Njegova strast bila je oštra, ali uvijek ublažena tvrdim instinktom.

Il n'a jamais attaqué jusqu'à ce que sa propre défense soit en place.

Nikada nije napadao dok nije imao vlastitu obranu.

Buck a essayé encore et encore d'atteindre le cou vulnérable de Spitz.

Buck je iznova i iznova pokušavao dosegnuti Spitzov ranjivi vrat.

Mais chaque coup était accueilli par un coup des dents acérées de Spitz.

Ali svaki udarac dočekan je oštrim udarcem Spitzovih oštrih zuba.

Leurs crocs se sont heurtés et les deux chiens ont saigné de leurs lèvres déchirées.

Njihovi su se očnjaci sukobili, a oba su psa prokrvarila iz razderanih usana.

Peu importe comment Buck s'est lancé, il n'a pas pu briser la défense.

Bez obzira koliko se Buck nasrtao, nije mogao probiti obranu.

Il devint de plus en plus furieux, se précipitant avec des explosions de puissance sauvages.

Postajao je sve bjesniji, jureći s divljim naletima snage.

À maintes reprises, Buck frappait la gorge blanche du Spitz.

Buck je iznova i iznova udarao po Spitzovom bijelom grlu.

À chaque fois, Spitz esquivait et riposta avec une morsure tranchante.

Spitz je svaki put izbjegao i uzvratio oštrim ugrizom.

Buck changea alors de tactique, se précipitant à nouveau comme pour atteindre la gorge.

Tada je Buck promijenio taktiku, ponovno jurnuvši kao da želi uhvatiti za grlo.

Mais il s'est retiré au milieu de l'attaque, se tournant pour frapper sur le côté.

Ali se povukao usred napada, okrećući se da udari sa strane.

Il a lancé son épaule sur Spitz, dans le but de le faire tomber.

Ramenom je udario Spitza, ciljajući da ga sruši.

À chaque fois qu'il essayait, Spitz esquivait et ripostait avec une frappe.

Svaki put kad bi pokušao, Spitz bi se izmicao i uzvraćao udarcem.

L'épaule de Buck était à vif alors que Spitz s'écartait après chaque coup.

Bucka je rame boljelo dok je Spitz odskakivao nakon svakog udarca.

Spitz n'avait pas été touché, tandis que Buck saignait de nombreuses blessures.

Spitz nije bio dotaknut, dok je Buck krvario iz mnogih rana.

La respiration de Buck était rapide et lourde, son corps était couvert de sang.

Buck je disao brzo i teško, tijelo mu je bilo klizavo od krvi.

Le combat devenait plus brutal à chaque morsure et à chaque charge.

Borba je postajala sve brutalnija sa svakim ugrizom i napadom.

Autour d'eux, soixante chiens silencieux attendaient le premier à tomber.

Oko njih je šezdeset tihih pasa čekalo da prvi padne.

Si un chien tombait, la meute allait mettre fin au combat.

Ako jedan pas padne, čopor će završiti borbu.

Spitz vit Buck faiblir et commença à attaquer.

Spitz je vidio kako Buck slabi i počeo je napadati.

Il a maintenu Buck en déséquilibre, le forçant à lutter pour garder pied.

Držao je Bucka izvan ravnoteže, prisiljavajući ga da se bori za ravnotežu.

Un jour, Buck trébucha et tomba, et tous les chiens se relevèrent.

Jednom se Buck spotaknuo i pao, a svi psi su ustali.

Mais Buck s'est redressé au milieu de sa chute, et tout le monde s'est affalé.

Ali Buck se ispravio usred pada i svi su ponovno potonuli.

Buck avait quelque chose de rare : une imagination née d'un instinct profond.

Buck je imao nešto rijetko - maštu rođenu iz dubokog instinkta.

Il combattait par instinct naturel, mais aussi par ruse.

Borio se prirodnim nagonom, ali se borio i lukavo.

Il chargea à nouveau comme s'il répétait son tour d'attaque à l'épaule.

Ponovno je jurnuo kao da ponavlja svoj trik napada ramenom.

Mais à la dernière seconde, il s'est laissé tomber et a balayé Spitz.

Ali u posljednjoj sekundi, spustio se nisko i prošao ispod Spitza.

Ses dents se sont bloquées sur la patte avant gauche de Spitz avec un claquement.

Zubi su mu se uz škljocaj zakačili za Spitzovu prednju lijevu nogu.

Spitz était maintenant instable, son poids reposant sur seulement trois pattes.

Spitz je sada stajao nesigurno, oslanjajući se na samo tri noge.

Buck frappa à nouveau, essaya trois fois de le faire tomber.

Buck je ponovno udario, tri puta ga je pokušao srušiti.

À la quatrième tentative, il a utilisé le même mouvement avec succès.

U četvrtom pokušaju uspješno je upotrijebio isti potez.

Cette fois, Buck a réussi à mordre la jambe droite du Spitz.

Ovaj put Buck je uspio ugristi Spitzu desnu nogu.

Spitz, bien que paralysé et souffrant, continuait à lutter pour survivre.

Spitz, iako osakaćen i u agoniji, nastavio se boriti za preživljavanje.

Il vit le cercle de huskies se resserrer, la langue tirée, les yeux brillants.

Vidio je kako se krug haskija steže, isplaženih jezika i sjajnih očiju.

Ils attendaient de le dévorer, comme ils l'avaient fait pour les autres.

Čekali su da ga prožderu, baš kao što su to učinili i drugima.

Cette fois, il se tenait au centre, vaincu et condamné.

Ovaj put, stajao je u sredini; poražen i osuđen na propast.

Le chien blanc n'avait désormais plus aucune possibilité de s'échapper.

Bijeli pas sada nije imao mogućnosti pobjeći.

Buck n'a montré aucune pitié, car la pitié n'avait pas sa place dans la nature.

Buck nije pokazao milost, jer milost nije pripadala divljini.

Buck se déplaçait prudemment, se préparant à la charge finale.

Buck se kretao oprezno, pripremajući se za posljednji juriš.

Le cercle des huskies se referma ; il sentit leur souffle chaud.

Krug haskija se zatvorio; osjetio je njihov topao dah.

Ils s'accroupirent, prêts à bondir lorsque le moment viendrait.

Čučnuli su nisko, spremni skočiti kad dođe trenutak.

Spitz tremblait dans la neige, grognant et changeant de position.

Spitz se tresao u snijegu, režeći i mijenjajući položaj.

Ses yeux brillaient, ses lèvres se courbaient, ses dents brillaient dans une menace désespérée.

Oči su mu sijevale, usne su se izvijale, a zubi su bljeskali u očajničkoj prijetnji.

Il tituba, essayant toujours de résister à la morsure froide de la mort.

Teturao je, još uvijek pokušavajući odoljeti hladnom ugrizu smrti.

Il avait déjà vu cela auparavant, mais toujours du côté des gagnants.

To je već vidio, ali uvijek s pobjedničke strane.

Il était désormais du côté des perdants, des vaincus, de la proie, de la mort.

Sada je bio na gubitničkoj strani; poraženi; plijen; smrt.

Buck tourna en rond pour porter le coup final, le cercle de chiens se rapprochant.

Buck je kružio za konačni udarac, krug pasa se približio.

Il pouvait sentir leur souffle chaud, prêt à tuer.

Osjećao je njihove vruće dahove; spremni za ubojstvo.

Un silence s'installa ; tout était à sa place ; le temps s'était arrêté.

Zavladala je tišina; sve je bilo na svom mjestu; vrijeme je stalo.

Même l'air froid entre eux se figea un dernier instant.

Čak se i hladni zrak među njima na trenutak smrznuo.

Seul Spitz bougea, essayant de retenir sa fin amère.

Samo se Spitz pomaknuo, pokušavajući odgoditi svoj gorki kraj.

Le cercle des chiens se refermait autour de lui, comme l'était son destin.

Krug pasa se stezao oko njega, kao i njegova sudbina.

Il était désespéré maintenant, sachant ce qui allait se passer.

Sada je bio očajan, znajući što će se dogoditi.

Buck bondit, épaule contre épaule une dernière fois.

Buck je skočio, rame je susrelo rame posljednji put.

Les chiens se sont précipités en avant, couvrant Spitz dans l'obscurité neigeuse.

Psi su jurnuli naprijed, pokrivajući Spitza u snježnom mraku.

Buck regardait, debout, le vainqueur dans un monde sauvage.

Buck je promatrao, stojeći uspravno; pobjednik u divljem svijetu.

La bête primordiale dominante avait fait sa proie, et c'était bien.

Dominantna primordijalna zvijer je počinila svoj ulov, i to je bilo dobro.

Celui qui a gagné la maîtrise
Onaj koji je osvojio majstorstvo

« Hein ? Qu'est-ce que j'ai dit ? Je dis vrai quand je dis que
Buck est un démon. »

„E? Što sam rekao? Istinu govorim kad kažem da je Buck
vrag."

François a dit cela le lendemain matin après avoir constaté la
disparition de Spitz.

François je to rekao sljedećeg jutra nakon što je pronašao
Spitza nestalog.

Buck se tenait là, couvert de blessures dues au combat
acharné.

Buck je stajao ondje, prekriven ranama od žestoke borbe.

François tira Buck près du feu et lui montra les blessures.

François je privukao Bucka blizu vatre i pokazao na ozljede.

« Ce Spitz s'est battu comme le Devik », dit Perrault en
observant les profondes entailles.

„Taj se Spitz borio kao Devik", rekao je Perrault, gledajući
duboke posjekotine.

« Et ce Buck s'est battu comme deux diables », répondit
aussitôt François.

„I taj se Buck borio kao dva vraga", odmah je odgovorio
François.

« Maintenant, nous allons faire du bon temps ; plus de Spitz,
plus de problèmes. »

„Sad ćemo dobro napredovati; nema više Spitza, nema više
problema."

Perrault préparait le matériel et chargeait le traîneau avec
soin.

Perrault je pakirao opremu i pažljivo utovarivao sanjke.

François a attelé les chiens en prévision de la course du jour.

François je upregnuo pse pripremajući se za dnevno trčanje.

Buck a trotté directement vers la position de tête autrefois
détenue par Spitz.

Buck je odmah kasom došao do vodeće pozicije koju je nekoć
držao Spitz.

Mais François, sans s'en apercevoir, conduisit Solleks vers l'avant.

Ali François, ne primjećujući, poveo je Solleksa naprijed.

Aux yeux de François, Solleks était désormais le meilleur chien de tête.

Po Françoisovom mišljenju, Solleks je sada bio najbolji pas za vođenje.

Buck se jeta sur Solleks avec fureur et le repoussa en signe de protestation.

Buck je bijesno skočio na Solleksa i u znak prosvjeda ga odgurnuo unatrag.

Il se tenait là où Spitz s'était autrefois tenu, revendiquant la position de leader.

Stajao je tamo gdje je nekoć stajao Spitz, zauzevši vodeću poziciju.

« Hein ? Hein ? » s'écria François en se frappant les cuisses d'un air amusé.

„E? E?" uzviknuo je François, zabavljeno se pljeskajući po bedrima.

« Regardez Buck, il a tué Spitz, et maintenant il veut prendre le poste ! »

„Pogledaj Bucka - ubio je Spitza, a sada želi preuzeti posao!"

« Va-t'en, Chook ! » cria-t-il, essayant de chasser Buck.

„Odlazi, Chook!" viknuo je, pokušavajući otjerati Bucka.

Mais Buck refusa de bouger et resta ferme dans la neige.

Ali Buck se nije htio pomaknuti i čvrsto je stajao u snijegu.

François attrapa Buck par la peau du cou et le tira sur le côté.

François je zgrabio Bucka za šiju i odvukao ga u stranu.

Buck grogna bas et menaçant mais n'attaqua pas.

Buck je tiho i prijeteći zarežao, ali nije napao.

François a remis Solleks en tête, tentant de régler le différend

François je ponovno doveo Solleksa u vodstvo, pokušavajući riješiti spor

Le vieux chien avait peur de Buck et ne voulait pas rester.

Stari pas pokazao je strah od Bucka i nije htio ostati.

Quand François lui tourna le dos, Buck chassa à nouveau Solleks.

Kad je François okrenuo leđa, Buck je ponovno istjerao Solleksa.

Solleks n'a pas résisté et s'est discrètement écarté une fois de plus.

Solleks se nije opirao i tiho se još jednom pomaknuo u stranu.

François s'est mis en colère et a crié : « Par Dieu, je te répare ! »

François se naljutio i viknuo: „Bože, popravit ću te!"

Il s'approcha de Buck en tenant une lourde massue à la main.

Prišao je Bucku držeći tešku toljagu u ruci.

Buck se souvenait bien de l'homme au pull rouge.

Buck se dobro sjećao čovjeka u crvenom džemperu.

Il recula lentement, observant François, mais grognant profondément.

Polako se povukao, promatrajući Françoisa, ali duboko režeći.

Il ne s'est pas précipité en arrière, même lorsque Solleks s'est levé à sa place.

Nije se žurio natrag, čak ni kad je Solleks stao na njegovo mjesto.

Buck tourna en rond juste hors de portée, grognant de fureur et de protestation.

Buck je kružio tik izvan dosega, režeći od bijesa i prosvjeda.

Il gardait les yeux fixés sur le club, prêt à esquiver si François lançait.

Držao je pogled na palici, spreman izbjeći udarac ako François baci.

Il était devenu sage et prudent quant aux manières des hommes armés.

Postao je mudar i oprezan u ponašanju naoružanih ljudi.

François abandonna et rappela Buck à son ancienne place.

François je odustao i ponovno pozvao Bucka na svoje prijašnje mjesto.

Mais Buck recula prudemment, refusant d'obéir à l'ordre.

Ali Buck se oprezno povukao, odbijajući poslušati naredbu.

François le suivit, mais Buck ne recula que de quelques pas supplémentaires.

François je krenuo za njim, ali Buck se povukao samo još nekoliko koraka.

Après un certain temps, François jeta l'arme par frustration.

Nakon nekog vremena, François je u frustraciji bacio oružje.

Il pensait que Buck craignait d'être battu et qu'il allait venir tranquillement.

Mislio je da se Buck boji batina i da će doći tiho.

Mais Buck n'évitait pas la punition : il se battait pour son rang.

Ali Buck nije izbjegavao kaznu - borio se za čin.

Il avait gagné la place de chien de tête grâce à un combat à mort.

Mjesto psa vođe zaslužio je borbom do smrti.

il n'allait pas se contenter de moins que d'être le leader.

Nije se namjeravao zadovoljiti ničim manjim od toga da bude vođa.

Perrault a participé à la poursuite pour aider à attraper le Buck rebelle.

Perrault se uključio u potjeru kako bi pomogao uhvatiti buntovnog Bucka.

Ensemble, ils l'ont fait courir dans le camp pendant près d'une heure.

Zajedno su ga gotovo sat vremena vozili po logoru.

Ils lui lancèrent des coups de massue, mais Buck les esquiva habilement.

Bacali su palice na njega, ali Buck je svaku vješto izbjegao.

Ils l'ont maudit, lui, ses ancêtres, ses descendants et chaque cheveu de sa personne.

Prokleli su njega, njegove pretke, njegove potomke i svaku dlaku na njemu.

Mais Buck se contenta de gronder en retour et resta hors de leur portée.

Ali Buck je samo zarežao i ostao izvan njihovog dohvata.

Il n'a jamais essayé de s'enfuir mais a délibérément tourné autour du camp.

Nikada nije pokušao pobjeći, već je namjerno kružio oko logora.

Il a clairement fait savoir qu'il obéirait une fois qu'ils lui auraient donné ce qu'il voulait.

Jasno je dao do znanja da će poslušati čim mu daju što želi.

François s'est finalement assis et s'est gratté la tête avec frustration.

François je konačno sjeo i frustrirano se počešao po glavi.

Perrault consulta sa montre, jura et marmonna à propos du temps perdu.

Perrault je pogledao na sat, opsovao i promrmljao nešto o izgubljenom vremenu.

Une heure s'était déjà écoulée alors qu'ils auraient dû être sur la piste.

Već je prošao sat vremena kada su trebali biti na stazi.

François haussa les épaules d'un air penaud en direction du coursier, qui soupira de défaite.

François je posramljeno slegnuo ramenima prema kuriru, koji je poraženo uzdahnuo.

François se dirigea alors vers Solleks et appela Buck une fois de plus.

Zatim je François otišao do Solleksa i još jednom pozvao Bucka.

Buck rit comme rit un chien, mais garda une distance prudente.

Buck se smijao kao što se pas smije, ali je držao opreznu distancu.

François retira le harnais de Solleks et le remit à sa place.

François je skinuo Solleksu pojas i vratio ga na njegovo mjesto.

L'équipe de traîneau était entièrement harnachée, avec seulement une place libre.

Zaprežna zaprega stajala je potpuno upregnuta, s samo jednim slobodnim mjestom.

La position de tête est restée vide, clairement destinée à Buck seul.

Vodeća pozicija ostala je prazna, očito namijenjena samo
Bucku.

François appela à nouveau, et à nouveau Buck rit et tint bon.
François je ponovno doviknuo, a Buck se ponovno nasmijao i
ostao pri svome.

« Jetez le club », ordonna Perrault sans hésitation.
„Bacite palicu", naredio je Perrault bez oklijevanja.

**François obéit et Buck trotta immédiatement en avant,
fièrement.**
François je poslušao, a Buck je odmah ponosno krenuo
naprijed.

Il rit triomphalement et prit la tête.
Trijumfalno se nasmijao i zauzeo vodeću poziciju.

François a sécurisé ses traces et le traîneau a été détaché.
François je osigurao svoje tragove i saonice su se otkinule.

**Les deux hommes couraient côte à côte tandis que l'équipe
s'engageait sur le sentier de la rivière.**
Obojica muškaraca trčala su pokraj njih dok je tim jurio
stazom uz rijeku.

**François avait une haute opinion des « deux diables » de
Buck,**
François je imao visoko mišljenje o Buckovim „dva
vragovima"

**mais il s'est vite rendu compte qu'il avait en fait sous-estimé
le chien.**
ali ubrzo je shvatio da je zapravo podcijenio psa.

**Buck a rapidement pris le leadership et a fait preuve
d'excellence.**
Buck je brzo preuzeo vodstvo i pokazao izvrsnost.

**En termes de jugement, de réflexion rapide et d'action, Buck
a surpassé Spitz.**
U prosudbi, brzom razmišljanju i brzom djelovanju, Buck je
nadmašio Spitza.

**François n'avait jamais vu un chien égal à celui que Buck
présentait maintenant.**
François nikada nije vidio psa ravnog onome što je Buck sada
pokazao.

Mais Buck excellait vraiment dans l'art de faire respecter l'ordre et d'imposer le respect.
Ali Buck je zaista briljirao u provođenju reda i izazivanju poštovanja.
Dave et Solleks ont accepté le changement sans inquiétude ni protestation.
Dave i Solleks prihvatili su promjenu bez brige ili prosvjeda.
Ils se concentraient uniquement sur le travail et tiraient fort sur les rênes.
Usredotočili su se samo na rad i snažno povlačenje uzdi.
Peu leur importait de savoir qui menait, tant que le traîneau continuait d'avancer.
Nije ih bilo briga tko vodi, sve dok su se saonice kretale.
Billee, la joyeuse, aurait pu diriger pour autant qu'ils s'en soucient.
Billee, vesela, mogla je voditi koliko god ih je bilo briga.
Ce qui comptait pour eux, c'était la paix et l'ordre dans les rangs.
Ono što im je bilo važno bio je mir i red u redovima.

Le reste de l'équipe était devenu indiscipliné pendant le déclin de Spitz.
Ostatak tima postao je neposlušan tijekom Spitzovog pada.
Ils furent choqués lorsque Buck les ramena immédiatement à l'ordre.
Bili su šokirani kad ih je Buck odmah doveo u red.
Pike avait toujours été paresseux et traînait les pieds derrière Buck.
Pike je oduvijek bio lijen i vukao se za Buckom.
Mais maintenant, il a été sévèrement discipliné par la nouvelle direction.
Ali sada ga je novo vodstvo oštro discipliniralo.
Et il a rapidement appris à faire sa part dans l'équipe.
I brzo je naučio preuzeti svoju ulogu u timu.
À la fin de la journée, Pike avait travaillé plus dur que jamais.
Do kraja dana, Pike je radio više nego ikad prije.

Cette nuit-là, au camp, Joe, le chien aigri, fut finalement
maîtrisé.

Te noći u kampu, Joe, mrzovoljni pas, konačno je bio svladan.

Spitz n'avait pas réussi à le discipliner, mais Buck n'avait
pas échoué.

Spitz ga nije uspio disciplinirati, ali Buck nije podbacio.

Grâce à son poids plus important, Buck a vaincu Joe en
quelques secondes.

Koristeći svoju veću težinu, Buck je u sekundama svladao
Joea.

Il a mordu et battu Joe jusqu'à ce qu'il gémisse et cesse de
résister.

Grizao je i udarao Joea sve dok ovaj nije zacvilio i prestao se
opirati.

Toute l'équipe s'est améliorée à partir de ce moment-là.

Cijeli tim se poboljšao od tog trenutka nadalje.

Les chiens ont retrouvé leur ancienne unité et leur
discipline.

Psi su ponovno stekli staro jedinstvo i disciplinu.

À Rink Rapids, deux nouveaux huskies indigènes, Teek et
Koona, nous ont rejoint.

U Rink Rapidsu su se pridružila dva nova domaća haskija,
Teek i Koona.

La rapidité avec laquelle Buck les dressa étonna même
François.

Buckova brza obuka zapanjila je čak i Françoisa.

« Il n'y a jamais eu de chien comme ce Buck ! » s'écria-t-il
avec stupéfaction.

„Nikad nije bilo takvog psa kao što je taj Buck!" uzviknuo je u
čudu.

« Non, jamais ! Il vaut mille dollars, bon sang ! »

„Ne, nikad! Vrijedi tisuću dolara, Bože!"

« Hein ? Qu'en dis-tu, Perrault ? » demanda-t-il avec fierté.

„E? Što kažeš, Perrault?" upitao je s ponosom.

Perrault hocha la tête en signe d'accord et vérifia ses notes.

Perrault je kimnuo u znak slaganja i provjerio svoje bilješke.

Nous sommes déjà en avance sur le calendrier et gagnons chaque jour davantage.
Već smo ispred roka i svakim danom dobivamo sve više.

Le sentier était dur et lisse, sans neige fraîche.
Staza je bila tvrdo utabana i glatka, bez svježeg snijega.

Le froid était constant, oscillant autour de cinquante degrés en dessous de zéro.
Hladnoća je bila stalna, cijelo vrijeme se kretala oko pedeset stupnjeva ispod nule.

Les hommes montaient et couraient à tour de rôle pour se réchauffer et gagner du temps.
Muškarci su jahali i trčali naizmjence kako bi se ugrijali i napravili vremena.

Les chiens couraient vite avec peu d'arrêts, poussant toujours vers l'avant.
Psi su trčali brzo s malo zaustavljanja, uvijek gurajući naprijed.

La rivière Thirty Mile était en grande partie gelée et facile à traverser.
Rijeka Trideset milja bila je uglavnom zaleđena i lako se preko nje moglo putovati.

Ils sont sortis en un jour, ce qui leur avait pris dix jours pour venir.
Izašli su za jedan dan, a dolazak im je trajao deset dana.

Ils ont parcouru une distance de soixante milles du lac Le Barge jusqu'à White Horse.
Pretrčali su šezdeset milja od jezera Le Barge do Bijelog Konja.

À travers les lacs Marsh, Tagish et Bennett, ils se déplaçaient incroyablement vite.
Preko jezera Marsh, Tagish i Bennett kretali su se nevjerojatno brzo.

L'homme qui courait était tiré derrière le traîneau par une corde.
Trkač je vukao saonice na užetu.

La dernière nuit de la deuxième semaine, ils sont arrivés à destination.
Posljednje noći drugog tjedna stigli su na odredište.

Ils avaient atteint ensemble le sommet du col White.

Zajedno su stigli do vrha Bijelog prijevoja.

Ils sont descendus au niveau de la mer avec les lumières de Skaguay en dessous d'eux.

Spustili su se na razinu mora sa Skaguayevim svjetlima ispod sebe.

Il s'agissait d'une course record à travers des kilomètres de nature froide et sauvage.

Bio je to rekordni trk preko kilometara hladne divljine.

Pendant quatorze jours d'affilée, ils ont parcouru en moyenne quarante miles.

Četrnaest dana zaredom, u prosjeku su prelazili dobrih četrdeset milja.

À Skaguay, Perrault et François transportaient des marchandises à travers la ville.

U Skaguayu su Perrault i François prevozili teret kroz grad.

Ils ont été acclamés et ont reçu de nombreuses boissons de la part d'une foule admirative.

Divljenjem su ih pozdravljali i nudili im mnoga pića.

Les chasseurs de chiens et les ouvriers se sont rassemblés autour du célèbre attelage de chiens.

Lovci na pse i radnici okupili su se oko poznate pseće zaprege.

Puis les hors-la-loi de l'Ouest arrivèrent en ville et subirent une violente défaite.

Tada su zapadni odmetnici došli u grad i doživjeli žestoki poraz.

Les gens ont vite oublié l'équipe et se sont concentrés sur un nouveau drame.

Ljudi su ubrzo zaboravili tim i usredotočili se na novu dramu.

Puis sont arrivées les nouvelles commandes qui ont tout changé d'un coup.

Zatim su došle nove naredbe koje su odjednom sve promijenile.

François appela Buck à lui et le serra dans ses bras avec une fierté larmoyante.

François je pozvao Bucka k sebi i zagrlio ga sa suznim ponosom.

Ce moment fut la dernière fois que Buck revit François.
Taj trenutak je bio posljednji put da je Buck ikada više vidio
Françoisa.
**Comme beaucoup d'hommes avant eux, François et Perrault
étaient tous deux partis.**
Kao i mnogi prije njih, i François i Perrault su otišli.
**Un métis écossais a pris en charge Buck et ses coéquipiers de
chiens de traîneau.**
Škotski mješanac preuzeo je odgovornost za Bucka i njegove
kolege sa psima za vuču saonica.
**Avec une douzaine d'autres équipes de chiens, ils sont
retournés par le sentier jusqu'à Dawson.**
S dvanaest drugih psećih zaprega vratili su se stazom u
Dawson.
**Ce n'était plus une course rapide, juste un travail pénible
avec une lourde charge chaque jour.**
Više nije bilo brzog trčanja - samo težak rad s teškim teretom
svaki dan.
**C'était le train postal qui apportait des nouvelles aux
chercheurs d'or près du pôle.**
Ovo je bio poštanski vlak koji je nosio vijest lovcima na zlato
blizu Pola.
**Buck n'aimait pas le travail mais le supportait bien, étant
fier de ses efforts.**
Buck nije volio posao, ali ga je dobro podnosio, ponoseći se
svojim trudom.
**Comme Dave et Solleks, Buck a fait preuve de dévouement
dans chaque tâche quotidienne.**
Poput Davea i Solleksa, Buck je pokazivao predanost svakom
svakodnevnom zadatku.
**Il s'est assuré que chacun de ses coéquipiers fasse sa part du
travail.**
Pobrinuo se da svaki od njegovih suigrača da svoj doprinos.
**La vie sur les sentiers est devenue ennuyeuse, répétée avec
la précision d'une machine.**
Život na stazi postao je dosadan, ponavljao se s preciznošću
stroja.

Chaque jour était le même, un matin se fondant dans le suivant.

Svaki dan se činio istim, jedno jutro se stapalo s drugim.

À la même heure, les cuisiniers se levèrent pour allumer des feux et préparer la nourriture.

U isti sat, kuhari su ustali da nalože vatru i pripreme hranu.

Après le petit-déjeuner, certains quittèrent le camp tandis que d'autres attelèrent les chiens.

Nakon doručka, neki su napustili logor dok su drugi upregli pse.

Ils ont pris la route avant que le faible avertissement de l'aube ne touche le ciel.

Krenuli su stazom prije nego što je prigušeno upozorenje na zoru dotaknulo nebo.

La nuit, ils s'arrêtaient pour camper, chaque homme ayant une tâche précise.

Noću su se zaustavili kako bi napravili logor, svaki čovjek s određenom dužnošću.

Certains ont monté les tentes, d'autres ont coupé du bois de chauffage et ramassé des branches de pin.

Neki su postavljali šatore, drugi su sjekli drva za ogrjev i skupljali borove grane.

De l'eau ou de la glace étaient ramenées aux cuisiniers pour le repas du soir.

Voda ili led nosili su se kuharima za večeru.

Les chiens ont été nourris et c'était le meilleur moment de la journée pour eux.

Psi su bili nahranjeni, i to im je bio najbolji dio dana.

Après avoir mangé du poisson, les chiens se sont détendus et se sont allongés près du feu.

Nakon što su pojeli ribu, psi su se opustili i izležavali blizu vatre.

Il y avait une centaine d'autres chiens dans le convoi avec lesquels se mêler.

U konvoju je bilo još stotinu pasa s kojima se moglo družiti.

Beaucoup de ces chiens étaient féroces et prompts à se battre sans prévenir.

Mnogi od tih pasa bili su žestoki i brzi u borbi bez upozorenja.

Mais après trois victoires, Buck a maîtrisé même les combattants les plus féroces.

Ali nakon tri pobjede, Buck je svladao čak i najžešće borce.

Maintenant, quand Buck grogna et montra ses dents, ils s'écartèrent.

Sad kad je Buck zarežao i pokazao zube, oni su se pomaknuli u stranu.

Mais le plus beau dans tout ça, c'est que Buck aimait s'allonger près du feu de camp vacillant.

Možda najbolje od svega, Buck je volio ležati blizu treperave logorske vatre.

Il s'accroupit, les pattes arrière repliées et les pattes avant tendues vers l'avant.

Čučnuo je sa skupljenim stražnjim nogama i ispruženim prednjim nogama naprijed.

Sa tête était levée tandis qu'il cligna doucement des yeux devant les flammes rougeoyantes.

Podigao je glavu dok je tiho trepnuo prema užarenim plamenovima.

Parfois, il se souvenait de la grande maison du juge Miller à Santa Clara.

Ponekad se prisjećao velike kuće suca Millera u Santa Clari.

Il pensait à la piscine en ciment, à Ysabel et au carlin appelé Toots.

Pomislio je na cementni bazen, na Ysabel i mopsa po imenu Toots.

Mais le plus souvent, il se souvenait du club de l'homme au pull rouge.

Ali češće se sjećao čovjeka s palicom u crvenom džemperu.

Il se souvenait de la mort de Curly et de sa bataille acharnée contre Spitz.

Sjetio se Kovrčavijeve smrti i njegove žestoke bitke sa Spitzom.

Il se souvenait aussi des bons plats qu'il avait mangés ou dont il rêvait encore.

Prisjetio se i dobre hrane koju je jeo ili o kojoj je još uvijek sanjao.

Buck n'avait pas le mal du pays : la vallée chaude était lointaine et irréelle.
Buck nije osjećao nostalgiju - topla dolina bila je daleka i nestvarna.

Les souvenirs de Californie n'avaient plus vraiment d'influence sur lui.
Sjećanja na Kaliforniju više ga nisu privlačila.

Plus forts que la mémoire étaient les instincts profondément ancrés dans sa lignée.
Jači od sjećanja bili su instinkti duboko ukorijenjeni u njegovoj krvnoj lozi.

Les habitudes autrefois perdues étaient revenues, ravivées par le sentier et la nature sauvage.
Navike koje su nekoć bile izgubljene vratile su se, oživljene stazom i divljinom.

Tandis que Buck regardait la lumière du feu, cela devenait parfois autre chose.
Dok je Buck promatrao svjetlost vatre, ona je ponekad postajala nešto drugo.

Il vit à la lueur du feu un autre feu, plus vieux et plus profond que celui-ci.
U svjetlosti vatre ugledao je drugu vatru, stariju i dublju od sadašnje.

À côté de cet autre feu se tenait accroupi un homme qui ne ressemblait pas au cuisinier métis.
Pored te druge vatre čučao je čovjek za razliku od kuhara mješanca.

Cette figurine avait des jambes courtes, de longs bras et des muscles durs et noués.
Ova je figura imala kratke noge, duge ruke i tvrde, čvoraste mišiće.

Ses cheveux étaient longs et emmêlés, tombant en arrière à partir des yeux.
Kosa mu je bila duga i zamršena, padala je unatrag od očiju.

Il émit des sons étranges et regarda l'obscurité avec peur.
Ispuštao je čudne zvukove i u strahu zurio u tamu.

Il tenait une massue en pierre basse, fermement serrée dans sa longue main rugueuse.

Nisko je držao kamenu toljagu, čvrsto stisnutu u svojoj dugoj, gruboj ruci.

L'homme portait peu de vêtements ; juste une peau carbonisée qui pendait dans son dos.

Čovjek je bio malo odjeven; samo ugljenisana koža koja mu je visjela niz leđa.

Son corps était couvert de poils épais sur les bras, la poitrine et les cuisses.

Tijelo mu je bilo prekriveno gustom dlakom po rukama, prsima i bedrima.

Certaines parties des cheveux étaient emmêlées en plaques de fourrure rugueuse.

Neki dijelovi kose bili su zapetljani u komadiće grubog krzna.

Il ne se tenait pas droit mais penché en avant des hanches jusqu'aux genoux.

Nije stajao uspravno već se sagnuo naprijed od kukova do koljena.

Ses pas étaient élastiques et félins, comme s'il était toujours prêt à bondir.

Koraci su mu bili elastični i mačji, kao da je uvijek spreman za skok.

Il y avait une vive vigilance, comme s'il vivait dans une peur constante.

Osjećao je oštru budnost, kao da je živio u stalnom strahu.

Cet homme ancien semblait s'attendre au danger, que le danger soit perçu ou non.

Činilo se da ovaj drevni čovjek očekuje opasnost, bez obzira je li opasnost bila vidljiva ili ne.

Parfois, l'homme poilu dormait près du feu, la tête entre les jambes.

Ponekad je dlakavi čovjek spavao uz vatru, glave zavučene među noge.

Ses coudes reposaient sur ses genoux, ses mains jointes au-dessus de sa tête.

Laktovi su mu počivali na koljenima, ruke sklopljene iznad glave.

Comme un chien, il utilisait ses bras velus pour se débarrasser de la pluie qui tombait.

Poput psa, koristio je svoje dlakave ruke da se otrese kiše koja je padala.

Au-delà de la lumière du feu, Buck vit deux charbons jumeaux briller dans l'obscurité.

Iza svjetlosti vatre, Buck je ugledao dva ugljena kako žare u mraku.

Toujours deux par deux, ils étaient les yeux des bêtes de proie traquantes.

Uvijek dva po dva, bile su oči vrebajućih zvijeri.

Il entendit des corps s'écraser à travers les broussailles et des bruits se faire entendre dans la nuit.

Čuo je tijela kako se probijaju kroz grmlje i zvukove koji se stvaraju u noći.

Allongé sur la rive du Yukon, clignant des yeux, Buck rêvait près du feu.

Ležeći na obali Yukona, trepćući, Buck je sanjao kraj vatre.

Les images et les sons de ce monde sauvage lui faisaient dresser les cheveux sur la tête.

Prizori i zvukovi tog divljeg svijeta digli su mu kosu na glavi.

La fourrure s'élevait le long de son dos, de ses épaules et de son cou.

Dlaka mu se dizala uz leđa, ramena i vrat.

Il gémissait doucement ou émettait un grognement sourd au plus profond de sa poitrine.

Tiho je cvilio ili duboko u prsima tiho zarežao.

Alors le cuisinier métis cria : « Hé, toi Buck, réveille-toi ! »

Tada je mješanac kuhar viknuo: „Hej, Buck, probudi se!"

Le monde des rêves a disparu et la vraie vie est revenue aux yeux de Buck.

Svijet snova je nestao, a stvarni život se vratio u Buckove oči.

Il allait se lever, s'étirer et bâiller, comme s'il venait de se réveiller d'une sieste.

Htio je ustati, protegnuti se i zijevnuti, kao da se probudio iz drijemanja.

Le voyage était difficile, avec le traîneau postal qui traînait derrière eux.

Putovanje je bilo teško, a poštanske saonice su se vukle za njima.

Les lourdes charges et le travail pénible épuisaient les chiens à chaque longue journée.

Teški tereti i naporan rad iscrpljivali su pse svakog dugog dana.

Ils arrivèrent à Dawson maigres, fatigués et ayant besoin de plus d'une semaine de repos.

Stigli su u Dawson mršavi, umorni i trebali su više od tjedan dana odmora.

Mais seulement deux jours plus tard, ils repartaient sur le Yukon.

Ali samo dva dana kasnije, ponovno su krenuli niz Yukon.

Ils étaient chargés de lettres supplémentaires destinées au monde extérieur.

Bili su natovareni još pisama namijenjenih vanjskom svijetu.

Les chiens étaient épuisés et les hommes se plaignaient constamment.

Psi su bili iscrpljeni, a muškarci su se neprestano žalili.

La neige tombait tous les jours, ramollissant le sentier et ralentissant les traîneaux.

Snijeg je padao svaki dan, omekšavajući stazu i usporavajući sanjke.

Cela a rendu la traction plus difficile et a entraîné plus de traînée sur les patins.

To je omogućilo jače povlačenje i veći otpor trkačima.

Malgré cela, les pilotes étaient justes et se souciaient de leurs équipes.

Unatoč tome, vozači su bili pošteni i brinuli su se za svoje timove.

Chaque nuit, les chiens étaient nourris avant que les hommes ne puissent manger.

Svake noći, psi su bili hranjeni prije nego što su muškarci stigli jesti.

Aucun homme ne dormait avant de vérifier les pattes de son propre chien.

Nitko nije spavao prije nego što je provjerio noge vlastitog psa.

Cependant, les chiens s'affaiblissaient à mesure que les kilomètres s'écoulaient sur leur corps.

Ipak, psi su postajali sve slabiji kako su kilometri istrošili njihova tijela.

Ils avaient parcouru mille huit cents kilomètres pendant l'hiver.

Putovali su tisuću osamsto milja tijekom zime.

Ils ont tiré des traîneaux sur chaque kilomètre de cette distance brutale.

Vukli su saonice preko svake milje te brutalne udaljenosti.

Même les chiens de traîneau les plus robustes ressentent de la tension après tant de kilomètres.

Čak i najjačiji psi za vuču saonica osjećaju napor nakon toliko kilometara.

Buck a tenu bon, a permis à son équipe de travailler et a maintenu la discipline.

Buck je izdržao, održavao je svoj tim u formi i održavao disciplinu.

Mais Buck était fatigué, tout comme les autres pendant le long voyage.

Ali Buck je bio umoran, baš kao i ostali na dugom putovanju.

Billee gémissait et pleurait dans son sommeil chaque nuit sans faute.

Billee je jecao i plakao u snu svake noći bez iznimke.

Joe devint encore plus amer et Solleks resta froid et distant.

Joe je postao još ogorčeniji, a Solleks je ostao hladan i distanciran.

Mais c'est Dave qui a le plus souffert de toute l'équipe.

Ali Dave je bio taj koji je najgore patio od cijelog tima.

Quelque chose n'allait pas en lui, même si personne ne savait quoi.

Nešto je u njemu pošlo po zlu, iako nitko nije znao što.

Il est devenu de plus en plus maussade et s'en est pris aux autres avec une colère croissante.
Postajao je mrzovoljniji i s rastućim bijesom oštro je napadao druge.

Chaque nuit, il se rendait directement à son nid, attendant d'être nourri.
Svake noći išao je ravno u svoje gnijezdo, čekajući da ga se nahrani.

Une fois tombé, Dave ne s'est pas relevé avant le matin.
Nakon što je pao, Dave se nije digao do jutra.

Sur les rênes, des secousses ou des sursauts brusques le faisaient crier de douleur.
Na uzdama, nagli trzaji ili trzaji natjerali bi ga da krikne od boli.

Son chauffeur a recherché la cause du sinistre, mais n'a constaté aucune blessure.
Njegov vozač je tražio uzrok, ali nije pronašao nikakve ozljede na njemu.

Tous les conducteurs ont commencé à regarder Dave et ont discuté de son cas.
Svi vozači su počeli promatrati Davea i raspravljati o njegovom slučaju.

Ils ont discuté pendant les repas et pendant leur dernière cigarette de la journée.
Razgovarali su za vrijeme obroka i tijekom posljednje cigarete tog dana.

Une nuit, ils ont tenu une réunion et ont amené Dave au feu.
Jedne noći održali su sastanak i doveli Davea do vatre.

Ils pressèrent et sondèrent son corps, et il cria souvent.
Pritiskali su i ispitivali njegovo tijelo, a on je često plakao.

De toute évidence, quelque chose n'allait pas, même si aucun os ne semblait cassé.
Očito je nešto bilo u krivu, iako se činilo da nijedna kost nije slomljena.

Au moment où ils atteignirent Cassiar Bar, Dave était en train de tomber.
Dok su stigli do Cassiar Bara, Dave je već padao.

Le métis écossais a appelé à la fin et a retiré Dave de l'équipe.
Škotski mješanac je zaustavio tim i uklonio Davea iz tima.

Il a attaché Solleks à la place de Dave, le plus près de l'avant du traîneau.
Pričvrstio je Solleks na Daveovo mjesto, najbliže prednjem dijelu saonica.

Il avait l'intention de laisser Dave se reposer et courir librement derrière le traîneau en mouvement.
Namjeravao je pustiti Davea da se odmori i slobodno trči iza saonica u pokretu.

Mais même malade, Dave détestait être privé du travail qu'il avait occupé.
Ali čak i bolestan, Dave je mrzio što je bio otpušten s posla koji je imao.

Il grogna et gémit tandis que les rênes étaient retirées de son corps.
Režao je i cvilio dok su mu uzde skidali s tijela.

Quand il vit Solleks à sa place, il pleura de douleur.
Kad je ugledao Solleksa na svom mjestu, zaplakao je od slomljene boli srca.

La fierté du travail sur les sentiers était profonde chez Dave, même à l'approche de la mort.
Ponos rada na stazama bio je duboko u Daveu, čak i dok se smrt približavala.

Alors que le traîneau se déplaçait, Dave pataugeait dans la neige molle près du sentier.
Dok su se sanjke kretale, Dave se spoticao po mekom snijegu blizu staze.

Il a attaqué Solleks, le mordant et le poussant du côté du traîneau.
Napao je Solleksa, grizući ga i gurajući sa strane saonica.

Dave a essayé de sauter dans le harnais et de récupérer sa place de travail.
Dave je pokušao uskočiti u pojas i vratiti se na svoje radno mjesto.

Il hurlait, gémissait et pleurait, déchiré entre la douleur et la fierté du travail.

Jaukao je, cvilio i plakao, rastrgan između boli i ponosa zbog rada.

Le métis a utilisé son fouet pour essayer de chasser Dave de l'équipe.

Mješanac je bičem pokušao otjerati Davea iz tima.

Mais Dave ignora le coup de fouet, et l'homme ne put pas le frapper plus fort.

Ali Dave je ignorirao udarac bičem, a čovjek ga nije mogao jače udariti.

Dave a refusé le chemin le plus facile derrière le traîneau, où la neige était tassée.

Dave je odbio lakši put iza saonica, gdje je bio nabijen snijeg.

Au lieu de cela, il se débattait dans la neige profonde à côté du sentier, dans la misère.

Umjesto toga, mučio se u dubokom snijegu pokraj staze, u bijedi.

Finalement, Dave s'est effondré, allongé dans la neige et hurlant de douleur.

Na kraju se Dave srušio, ležeći u snijegu i zavijajući od boli.

Il cria tandis que le long train de traîneaux le dépassait un par un.

Vrisnuo je dok je duga kolona saonica prolazila pored njega jedna za drugom.

Pourtant, avec ce qu'il lui restait de force, il se leva et trébucha après eux.

Ipak, s onom preostalom snagom, ustao je i posrnuo za njima.

Il l'a rattrapé lorsque le train s'est arrêté à nouveau et a retrouvé son vieux traîneau.

Sustigao je vlak kad se ponovno zaustavio i pronašao svoje stare sanjke.

Il a dépassé les autres équipes et s'est retrouvé à nouveau aux côtés de Solleks.

Provukao se pored ostalih timova i ponovno stao pokraj Solleksa.

Alors que le conducteur s'arrêtait pour allumer sa pipe, Dave saisit sa dernière chance.

Dok je vozač zastao da zapali lulu, Dave je iskoristio svoju posljednju priliku.

Lorsque le chauffeur est revenu et a crié, l'équipe n'a pas avancé.

Kad se vozač vratio i viknuo, tim nije krenuo naprijed.

Les chiens avaient tourné la tête, déconcertés par l'arrêt soudain.

Psi su okrenuli glave, zbunjeni naglim zaustavljanjem.

Le conducteur était également choqué : le traîneau n'avait pas avancé d'un pouce.

I vozač je bio šokiran - saonice se nisu pomaknule ni centimetar naprijed.

Il a appelé les autres pour qu'ils viennent voir ce qui s'était passé.

Pozvao je ostale da dođu i vide što se dogodilo.

Dave avait mâché les rênes de Solleks, les brisant toutes les deux.

Dave je pregrizao Solleksove uzde, slomio ih obje.

Il se tenait maintenant devant le traîneau, de retour à sa position légitime.

Sada je stajao ispred saonica, natrag na svom pravom mjestu.

Dave leva les yeux vers le conducteur, le suppliant silencieusement de rester dans les traces.

Dave je pogledao vozača, tiho moleći da ostane u tragovima.

Le conducteur était perplexe, ne sachant pas quoi faire pour le chien en difficulté.

Vozač je bio zbunjen, nesiguran što učiniti za psa koji se mučio.

Les autres hommes parlaient de chiens qui étaient morts après avoir été emmenés dehors.

Drugi muškarci su govorili o psima koji su uginuli nakon što su ih izveli van.

Ils ont parlé de chiens âgés ou blessés dont le cœur se brisait lorsqu'ils étaient abandonnés.

Pričali su o starim ili ozlijeđenim psima čija su se srca slomila kad bi ih ostavili.

Ils ont convenu que c'était une preuve de miséricorde de laisser Dave mourir alors qu'il était encore dans son harnais.

Složili su se da je milost pustiti Davea da umre dok je još u pojasu.

Il était attaché au traîneau et Dave tirait avec fierté.

Bio je pričvršćen natrag na sanjke, a Dave je ponosno vukao.

Même s'il criait parfois, il travaillait comme si la douleur pouvait être ignorée.

Iako je ponekad plakao, radio je kao da se bol može ignorirati.

Plus d'une fois, il est tombé et a été traîné avant de se relever.

Više puta je pao i bio je vučen prije nego što je ponovno ustao.

Un jour, le traîneau l'a écrasé et il a boité à partir de ce moment-là.

Jednom su se saonice prevrnule preko njega i od tog trenutka je šepao.

Il travailla néanmoins jusqu'à ce qu'il atteigne le camp, puis s'allongea près du feu.

Ipak je radio dok nije stigao do logora, a zatim je legao kraj vatre.

Le matin, Dave était trop faible pour voyager ou même se tenir debout.

Do jutra, Dave je bio preslab da bi putovao ili čak stajao uspravno.

Au moment de l'attelage, il essaya d'atteindre son conducteur avec un effort tremblant.

U vrijeme vezivanja pojasa, drhtavim je naporom pokušao dosegnuti svog vozača.

Il se força à se relever, tituba et s'effondra sur le sol enneigé.

Prisilio se ustati, teturao i srušio se na snježno tlo.

À l'aide de ses pattes avant, il a traîné son corps vers la zone de harnais.

Prednjim nogama vukao je tijelo prema mjestu za vezivanje.

Il s'avança, pouce par pouce, vers les chiens de travail.

Teturao se naprijed, centimetar po centimetar, prema radnim psima.

Ses forces l'abandonnèrent, mais il continua d'avancer dans sa dernière poussée désespérée.

Snaga ga je napustila, ali je nastavio kretati se u svom posljednjem očajničkom naporu.

Ses coéquipiers l'ont vu haleter dans la neige, impatients de les rejoindre.

Njegovi suigrači vidjeli su ga kako dahće u snijegu, još uvijek žudeći da im se pridruži.

Ils l'entendirent hurler de tristesse alors qu'ils quittaient le camp.

Čuli su ga kako zavija od tuge dok su napuštali logor.

Alors que l'équipe disparaissait dans les arbres, le cri de Dave résonna derrière eux.

Dok je tim nestajao u drveću, Daveov krik je odjekivao iza njih.

Le train de traîneaux s'est brièvement arrêté après avoir traversé un tronçon de forêt fluviale.

Voz saonica se nakratko zaustavio nakon što je prešao dio riječne šume.

Le métis écossais retourna lentement vers le camp situé derrière lui.

Škotski mješanac polako se vraćao prema logoru iza njih.

Les hommes ont arrêté de parler quand ils l'ont vu quitter le train de traîneaux.

Muškarci su prestali govoriti kad su ga vidjeli kako izlazi iz karavana saonica.

Puis un coup de feu retentit clairement et distinctement de l'autre côté du sentier.

Tada je preko staze jasno i oštro odjeknuo jedan pucanj.

L'homme revint rapidement et reprit sa place sans un mot.

Čovjek se brzo vratio i zauzeo svoje mjesto bez riječi.

Les fouets claquaient, les cloches tintaient et les traîneaux roulaient dans la neige.

Bičevi su pucketali, zvona su zveckala, a saonice su se kotrljale kroz snijeg.

Mais Buck savait ce qui s'était passé, et tous les autres chiens aussi.

Ali Buck je znao što se dogodilo - kao i svaki drugi pas.

Le travail des rênes et du sentier
Trud uzdi i staze

Trente jours après avoir quitté Dawson, le Salt Water Mail atteignit Skaguay.

Trideset dana nakon što je napustio Dawson, Salt Water Mail je stigao u Skaguay.

Buck et ses coéquipiers ont pris la tête, arrivant dans un état pitoyable.

Buck i njegovi suigrači su preuzeli vodstvo, stigavši u jadnom stanju.

Buck était passé de cent quarante à cent quinze livres.

Buck je smršavio sa sto četrdeset na sto petnaest funti.

Les autres chiens, bien que plus petits, avaient perdu encore plus de poids.

Ostali psi, iako manji, izgubili su još više tjelesne težine.

Pike, autrefois un faux boiteux, traînait désormais derrière lui une jambe véritablement blessée.

Pike, nekad lažni šepavac, sada je za sobom vukao doista ozlijeđenu nogu.

Solleks boitait beaucoup et Dub avait une omoplate déchirée.

Solleks je jako šepao, a Dub je imao iščašenu lopaticu.

Tous les chiens de l'équipe avaient mal aux pieds après des semaines passées sur le sentier gelé.

Svaki pas u timu imao je bolne noge od tjedana provedenih na zaleđenoj stazi.

Ils n'avaient plus aucun ressort dans leurs pas, seulement un mouvement lent et traînant.

U njihovim koracima više nije bilo elastičnosti, samo sporo, vučno kretanje.

Leurs pieds heurtent durement le sentier, chaque pas ajoutant plus de tension à leur corps.

Stopala su im snažno udarala o stazu, svaki korak je dodatno naprezao njihova tijela.

Ils n'étaient pas malades, seulement épuisés au-delà de toute guérison naturelle.

Nisu bili bolesni, samo iscrpljeni do te mjere da su se mogli prirodno oporaviti.

Ce n'était pas la fatigue d'une dure journée, guérie par une nuit de repos.

Ovo nije bio umor od jednog napornog dana, izliječen noćnim odmorom.

C'était un épuisement qui s'était construit lentement au fil de mois d'efforts épuisants.

Bio je to iscrpljenost koja se polako gradila mjesecima iscrpljujućeg truda.

Il ne leur restait plus aucune force de réserve : ils avaient épuisé toutes leurs forces.

Nije ostalo ništa od rezervne snage - potrošili su sve što su imali.

Chaque muscle, chaque fibre et chaque cellule de leur corps étaient épuisés et usés.

Svaki mišić, vlakno i stanica u njihovim tijelima bio je istrošen i istrošen.

Et il y avait une raison : ils avaient parcouru deux mille cinq cents kilomètres.

I postojao je razlog - prešli su dvjesto i petsto milja.

Ils ne s'étaient reposés que cinq jours au cours des mille huit cents derniers kilomètres.

Odmarali su se samo pet dana tijekom posljednjih tisuću osamsto milja.

Lorsqu'ils arrivèrent à Skaguay, ils semblaient à peine capables de se tenir debout.

Kad su stigli u Skaguay, izgledali su kao da jedva mogu stajati na nogama.

Ils ont lutté pour garder les rênes serrées et rester devant le traîneau.

Mučili su se čvrsto držati uzde i ostati ispred saonica.

Dans les descentes, ils ont tout juste réussi à éviter d'être écrasés.

Na nizbrdicama su uspjeli izbjeći samo da ih pregaze.

« Continuez, pauvres pieds endoloris », dit le chauffeur tandis qu'ils boitaient.

„Naprijed, jadne bolne noge", rekao je vozač dok su šepali.

« C'est la dernière ligne droite, après quoi nous aurons tous droit à un long repos, c'est sûr. »

„Ovo je zadnji dio, a onda ćemo svi sigurno imati jedan dugi odmor."

« Un très long repos », promit-il en les regardant avancer en titubant.

„Jedan zaista dug odmor", obećao je, gledajući ih kako teturaju naprijed.

Les pilotes s'attendaient à bénéficier d'une longue pause bien méritée.

Vozači su očekivali da će sada dobiti dugu, potrebnu pauzu.

Ils avaient parcouru douze cents milles avec seulement deux jours de repos.

Prešli su tisuću dvjesto milja uz samo dva dana odmora.

Par souci d'équité et de raison, ils estimaient avoir mérité un temps de détente.

Pravednošću i razumom, smatrali su da su zaslužili vrijeme za opuštanje.

Mais trop de gens étaient venus au Klondike et trop peu étaient restés chez eux.

Ali previše ih je došlo na Klondike, a premalo ih je ostalo kod kuće.

Les lettres des familles ont afflué, créant des piles de courrier en retard.

Pisma od obitelji su pristizala, stvarajući hrpe zakašnjele pošte.

Les ordres officiels sont arrivés : de nouveaux chiens de la Baie d'Hudson allaient prendre le relais.

Stigle su službene naredbe - novi psi iz Hudsonovog zaljeva trebali su preuzeti vlast.

Les chiens épuisés, désormais considérés comme sans valeur, devaient être éliminés.

Iscrpljeni psi, sada proglašeni bezvrijednima, trebali su biti zbrinuti.

Comme l'argent comptait plus que les chiens, ils allaient être vendus à bas prix.

Budući da je novac bio važniji od pasa, prodavali bi ih jeftino.

Trois jours supplémentaires passèrent avant que les chiens ne ressentent à quel point ils étaient faibles.

Prošla su još tri dana prije nego što su psi osjetili koliko su slabi.

Le quatrième matin, deux hommes venus des États-Unis ont acheté toute l'équipe.

Četvrtog jutra, dvojica muškaraca iz SAD-a kupila su cijelu ekipu.

La vente comprenait tous les chiens, ainsi que leur harnais usagé.

Prodaja je uključivala sve pse, plus njihovu istrošenu opremu za vuču.

Les hommes s'appelaient mutuellement « Hal » et « Charles » lorsqu'ils concluaient l'affaire.

Muškarci su se međusobno zvali „Hal" i „Charles" dok su dovršavali posao.

Charles était d'âge moyen, pâle, avec des lèvres molles et des pointes de moustache féroces.

Charles je bio srednjih godina, blijed, s mlitavim usnama i oštrim vrhovima brkova.

Hal était un jeune homme, peut-être âgé de dix-neuf ans, portant une ceinture bourrée de cartouches.

Hal je bio mladić, možda devetnaestogodišnjak, s remenom punim patrona.

La ceinture contenait un gros revolver et un couteau de chasse, tous deux inutilisés.

U pojasu su bili veliki revolver i lovački nož, oba nekorištena.

Cela a montré à quel point il était inexpérimenté et inapte à la vie dans le Nord.

To je pokazalo koliko je bio neiskusan i nesposoban za sjeverni život.

Aucun des deux hommes n'appartenait à la nature sauvage ; leur présence défiait toute raison.

Niti jedan od njih nije pripadao divljini; njihova prisutnost prkosila je svakom razumu.

Buck a regardé l'argent échanger des mains entre l'acheteur et l'agent.

Buck je gledao kako kupac i agent razmjenjuju novac.

Il savait que les conducteurs du train postal allaient le quitter comme les autres.

Znao je da vozači poštanskih vlakova napuštaju njegov život kao i svi ostali.

Ils suivirent Perrault et François, désormais irrévocables.

Slijedili su Perraulta i Françoisa, koji su sada bili izgubljeni.

Buck et l'équipe ont été conduits dans le camp négligé de leurs nouveaux propriétaires.

Bucka i tim odveli su u neuredni logor svojih novih vlasnika.

La tente s'affaissait, la vaisselle était sale et tout était en désordre.

Šator se ulegnuo, posuđe je bilo prljavo, a sve je ležalo u neredu.

Buck remarqua également une femme : Mercedes, la femme de Charles et la sœur de Hal.

Buck je i ondje primijetio ženu - Mercedes, Charlesovu ženu i Halovu sestru.

Ils formaient une famille complète, bien que loin d'être adaptée au sentier.

Činili su kompletnu obitelj, iako daleko od prikladnih za stazu.

Buck regarda nerveusement le trio commencer à emballer les fournitures.

Buck je nervozno promatrao kako trojac počinje pakirati zalihe.

Ils ont travaillé dur mais sans ordre, juste du grabuge et des efforts gaspillés.

Radili su naporno, ali bez reda - samo buka i uzaludan trud.

La tente a été roulée dans une forme volumineuse, beaucoup trop grande pour le traîneau.

Šator je bio smotan u glomazni oblik, prevelik za sanjke.

La vaisselle sale a été emballée sans avoir été nettoyée ni séchée du tout.

Prljavo posuđe bilo je spakirano, a da uopće nije bilo oprano ili osušeno.

Mercedes voltigeait, parlant constamment, corrigeant et intervenant.

Mercedes je lepršala okolo, neprestano pričajući, ispravljajući se i miješajući se.

Lorsqu'un sac était placé à l'avant, elle insistait pour qu'il soit placé à l'arrière.

Kad je vreća stavljena naprijed, inzistirala je da ide straga.

Elle a mis le sac au fond, et l'instant d'après, elle en avait besoin.

Spakirala je vreću na dno i već sljedećeg trenutka joj je trebala.

Le traîneau a donc été déballé à nouveau pour atteindre le sac spécifique.

Dakle, saonice su ponovno raspakirane kako bi se došlo do te jedne određene torbe.

À proximité, trois hommes se tenaient devant une tente, observant la scène se dérouler.

U blizini su trojica muškaraca stajala ispred šatora, promatrajući prizor koji se odvijao.

Ils souriaient, faisaient des clins d'œil et souriaient à la confusion évidente des nouveaux arrivants.

Smiješili su se, namignuli i cerekali očitoj zbunjenosti pridošlica.

« Vous avez déjà une charge très lourde », dit l'un des hommes.

„Već imaš prilično težak teret", rekao je jedan od muškaraca.

« Je ne pense pas que tu devrais porter cette tente, mais c'est ton choix. »

„Mislim da ne bi trebao nositi taj šator, ali to je tvoj izbor."

« Inimaginable ! » s'écria Mercedes en levant les mains de désespoir.

„Nesanjano!" uzviknula je Mercedes, dižući ruke u očaju.

« Comment pourrais-je voyager sans une tente sous laquelle dormir ? »

„Kako bih uopće mogao putovati bez šatora pod kojim bih mogao ostati?"

« C'est le printemps, vous ne verrez plus jamais de froid », répondit l'homme.

„Proljeće je - više nećete vidjeti hladno vrijeme", odgovorio je čovjek.

Mais elle secoua la tête et ils continuèrent à empiler des objets sur le traîneau.

Ali ona je odmahnula glavom, a oni su nastavili gomilati stvari na sanjke.

La charge s'élevait dangereusement alors qu'ils ajoutaient les dernières choses.

Teret se opasno uzdizao dok su dodavali posljednje stvari.

« Tu penses que le traîneau va rouler ? » demanda l'un des hommes avec un regard sceptique.

„Misliš li da će saonice proći?" upitao je jedan od muškaraca sa skeptičnim pogledom.

« Pourquoi pas ? » rétorqua Charles, vivement agacé.

„Zašto ne bi?" odbrusi Charles s oštrom ljutnjom.

« Oh, ce n'est pas grave », dit rapidement l'homme, s'éloignant de l'offense.

„O, u redu je", brzo je rekao čovjek, povlačeći se od uvrede.

« Je me demandais juste – ça me semblait un peu trop lourd. »

„Samo sam se pitao - meni se činilo malo preteško na vrhu."

Charles se détourna et attacha la charge du mieux qu'il put.

Charles se okrenuo i privezao teret najbolje što je mogao.

Mais les attaches étaient lâches et l'emballage mal fait dans l'ensemble.

Ali vezovi su bili labavi, a pakiranje općenito loše napravljeno.

« Bien sûr, les chiens tireront ça toute la journée », a dit un autre homme avec sarcasme.

„Naravno, psi će to vući cijeli dan", sarkastično je rekao drugi čovjek.

« Bien sûr », répondit froidement Hal en saisissant le long mât du traîneau.

„Naravno", hladno odgovori Hal, hvatajući dugu motku za saonice.

D'une main sur le poteau, il faisait tournoyer le fouet dans l'autre.

S jednom rukom na motki, zamahnuo je bičem u drugoj.

« Allons-y ! » cria-t-il. « Allez ! » exhortant les chiens à démarrer.

„Idemo!" viknuo je. „Krećite se!" potičući pse da krenu.

Les chiens se sont penchés sur le harnais et ont tendu pendant quelques instants.

Psi su se nagnuli u pojas i naprezali nekoliko trenutaka.

Puis ils s'arrêtèrent, incapables de déplacer d'un pouce le traîneau surchargé.

Zatim su se zaustavili, nesposobni pomaknuti preopterećene saonice ni centimetar.

« Ces brutes paresseuses ! » hurla Hal en levant le fouet pour les frapper.

„Lijene zvijeri!" viknuo je Hal, podižući bič da ih udari.

Mais Mercedes s'est précipitée et a saisi le fouet des mains de Hal.

Ali Mercedes je uletjela i otela bič iz Halovih ruku.

« Oh, Hal, n'ose pas leur faire de mal », s'écria-t-elle, alarmée.

„Oh, Hal, nemoj se usuditi povrijediti ih", uzviknula je u panici.

« Promets-moi que tu seras gentil avec eux, sinon je n'irai pas plus loin. »

„Obećaj mi da ćeš biti ljubazan prema njima, inače neću učiniti ni korak više."

« Tu ne connais rien aux chiens », lança Hal à sa sœur.

„Nemaš ti pojma o psima", obrecnu se Hal na sestru.

« Ils sont paresseux, et la seule façon de les déplacer est de les fouetter. »

„Lijeni su i jedini način da ih se pokrene je da ih se bičuje."

« Demandez à n'importe qui, demandez à l'un de ces hommes là-bas si vous doutez de moi. »

„Pitajte bilo koga — pitajte jednog od onih ljudi tamo ako sumnjate u mene."

Mercedes regarda les spectateurs avec des yeux suppliants et pleins de larmes.

Mercedes je gledala promatrače molećivim, suznim očima.

Son visage montrait à quel point elle détestait la vue de la douleur.

Na njezinom licu se vidjelo koliko je duboko mrzila prizor bilo kakve boli.

« Ils sont faibles, c'est tout », dit un homme. « Ils sont épuisés. »

„Slabi su, to je sve", rekao je jedan čovjek. „Iscrpljeni su."

« Ils ont besoin de repos, ils ont travaillé trop longtemps sans pause. »

„Treba im odmor - predugo su radili bez pauze."

« Que le repos soit maudit », murmura Hal, la lèvre retroussée.

„Proklet bio ostatak", promrmlja Hal s podignutom usnom.

Mercedes haleta, clairement peinée par ce mot grossier de sa part.

Mercedes je uzdahnula, očito povrijeđena njegovom grubom riječju.

Pourtant, elle est restée loyale et a immédiatement défendu son frère.

Ipak, ostala je vjerna i odmah je stala u obranu svog brata.

« Ne fais pas attention à cet homme », dit-elle à Hal. « Ce sont nos chiens. »

„Ne obraćaj pažnju na tog čovjeka", rekla je Halu. „To su naši psi."

« Vous les conduisez comme bon vous semble, faites ce que vous pensez être juste. »

„Vozi ih kako ti odgovara – radi ono što misliš da je ispravno."

Hal leva le fouet et frappa à nouveau les chiens sans pitié.

Hal je podigao bič i ponovno bez milosti udario pse.

Ils se sont précipités en avant, le corps bas, les pieds poussant dans la neige.

Jurnuli su naprijed, tijelima nisko, nogama utisnutim u snijeg.

Toutes leurs forces étaient utilisées pour tirer, mais le traîneau ne bougeait pas.

Sva im je snaga išla u vuču, ali saonice se nisu micale.

Le traîneau est resté coincé, comme une ancre figée dans la neige tassée.

Sanke su ostale zaglavljene, poput sidra zamrznutog u zbijenom snijegu.

Après un deuxième effort, les chiens s'arrêtèrent à nouveau, haletants.

Nakon drugog pokušaja, psi su se ponovno zaustavili, teško dahćući.

Hal leva à nouveau le fouet, juste au moment où Mercedes intervenait à nouveau.

Hal je još jednom podigao bič, baš kad se Mercedes ponovno umiješala.

Elle tomba à genoux devant Buck et lui serra le cou.

Kleknula je pred Bucka i zagrlila ga oko vrata.

Les larmes lui montèrent aux yeux tandis qu'elle suppliait le chien épuisé.

Suze su joj ispunile oči dok je molila iscrpljenog psa.

« Pauvres chéris », dit-elle, « pourquoi ne tirez-vous pas plus fort ? »

„Jadni dragi moji", rekla je, „zašto jednostavno ne povučete jače?"

« Si tu tires, tu ne seras pas fouetté comme ça. »

„Ako budeš vukao, nećeš biti ovako bičevan."

Buck n'aimait pas Mercedes, mais il était trop fatigué pour lui résister maintenant.

Buck nije volio Mercedes, ali bio je previše umoran da bi joj se sada odupirao.

Il accepta ses larmes comme une simple partie de cette journée misérable.

Prihvatio je njezine suze kao samo još jedan dio jadnog dana.

L'un des hommes qui regardaient a finalement parlé après avoir retenu sa colère.

Jedan od promatrača konačno je progovorio nakon što je suzdržao bijes.

« Je me fiche de ce qui vous arrive, mais ces chiens comptent. »

„Ne zanima me što će se vama dogoditi, ali ti psi su važni."

« Si vous voulez aider, détachez ce traîneau, il est gelé dans la neige. »

„Ako želiš pomoći, odveži te sanjke - smrznule su se na snijegu."

« Appuyez fort sur la perche, à droite et à gauche, et brisez le sceau de glace. »

"Snažno pritisni motku, desno i lijevo, i razbij ledeni pečat."

Une troisième tentative a été faite, cette fois-ci suite à la suggestion de l'homme.

Učinjen je treći pokušaj, ovaj put slijedeći čovjekov prijedlog.

Hal a balancé le traîneau d'un côté à l'autre, libérant les patins.

Hal je ljuljao saonice s jedne strane na drugu, oslobađajući klizače.

Le traîneau, bien que surchargé et maladroit, a finalement fait un bond en avant.

Sanke, iako preopterećene i nezgrapne, konačno su krenule naprijed.

Buck et les autres tiraient sauvagement, poussés par une tempête de coups de fouet.

Buck i ostali su divlje vukli, nošeni olujom udaraca bičem.

Une centaine de mètres plus loin, le sentier courbait et descendait en pente dans la rue.

Stotinjak metara ispred, staza se zavijala i spuštala u ulicu.

Il aurait fallu un conducteur expérimenté pour maintenir le traîneau droit.

Trebao je vješt vozač da sanjke drži u uspravnom položaju.

Hal n'était pas habile et le traîneau a basculé en tournant dans le virage.

Hal nije bio vješt, a saonice su se prevrnule dok su se zaokretale u zavoju.

Les sangles lâches ont cédé et la moitié de la charge s'est répandue sur la neige.

Labavi vezovi su popustili i polovica tereta se prosula na snijeg.

Les chiens ne s'arrêtèrent pas ; le traîneau le plus léger volait sur le côté.

Psi se nisu zaustavili; lakše saonice su letjele na boku.

En colère à cause des mauvais traitements et du lourd fardeau, les chiens couraient plus vite.

Ljuti zbog zlostavljanja i teškog tereta, psi su trčali brže.

Buck, furieux, s'est mis à courir, suivi par l'équipe.

Buck, bijesan, dao se u trk, a tim ga je slijedio.

Hal a crié « Whoa ! Whoa ! » mais l'équipe ne lui a pas prêté attention.

Hal je viknuo „Vau! Vau!", ali tim nije obraćao pažnju na njega.

Il a trébuché, est tombé et a été traîné au sol par le harnais.

Spotaknuo se, pao i pojas ga je vukao po tlu.

Le traîneau renversé l'a heurté tandis que les chiens couraient devant.

Prevrnute saonice su ga pregazile dok su psi jurili naprijed.

Le reste des fournitures est dispersé dans la rue animée de Skaguay.

Ostatak zaliha razasuo se po prometnoj ulici Skaguaya.

Des personnes au grand cœur se sont précipitées pour arrêter les chiens et rassembler le matériel.

Dobrodušni ljudi požurili su zaustaviti pse i skupiti opremu.

Ils ont également donné des conseils, directs et pratiques, aux nouveaux voyageurs.

Također su davali savjete, izravne i praktične, novim putnicima.

« Si vous voulez atteindre Dawson, prenez la moitié du chargement et doublez les chiens. »

„Ako želiš doći do Dawsona, uzmi pola tereta i udvostruči broj pasa."

Hal, Charles et Mercedes écoutaient, mais sans enthousiasme.

Hal, Charles i Mercedes su slušali, iako ne s oduševljenjem.

Ils ont installé leur tente et ont commencé à trier leurs provisions.

Razapeli su šator i počeli sortirati svoje zalihe.

Des conserves sont sorties, ce qui a fait rire les spectateurs.

Izašle su konzervirane proizvode, što je nasmijalo promatrače naglas.

« Des conserves sur le sentier ? Tu vas mourir de faim avant qu'elles ne fondent », a dit l'un d'eux.

„Konzervirane stvari na stazi? Umrijet ćeš od gladi prije nego što se to otopi", rekao je jedan.

« Des couvertures d'hôtel ? Tu ferais mieux de toutes les jeter. »

„Hotelske deke? Bolje ih je sve baciti."

« Laissez tomber la tente aussi, et personne ne fait la vaisselle ici. »

„Riješi se i šatora, pa ovdje nitko ne pere suđe."

« Tu crois que tu voyages dans un train Pullman avec des domestiques à bord ? »

„Misliš da se voziš Pullmanovim vlakom s poslugom u vlaku?"

Le processus a commencé : chaque objet inutile a été jeté de côté.

Proces je započeo - svaka beskorisna stvar je bačena na stranu.

Mercedes a pleuré lorsque ses sacs ont été vidés sur le sol enneigé.

Mercedes je plakala kad su joj torbe ispraznile na snježno tlo.

Elle sanglotait sur chaque objet jeté, un par un, sans pause.

Jecala je nad svakim bačenim predmetom, jednim po jednim bez prestanka.

Elle jura de ne plus faire un pas de plus, même pas pendant dix Charles.

Zaklela se da neće učiniti ni korak više - čak ni za deset Charlesova.

Elle a supplié chaque personne à proximité de la laisser garder ses objets précieux.

Molila je svaku osobu u blizini da joj dopusti da zadrži svoje dragocjenosti.

Finalement, elle s'essuya les yeux et commença à jeter même les vêtements essentiels.

Napokon je obrisala oči i počela bacati čak i najvažniju odjeću.

Une fois les siennes terminées, elle commença à vider les provisions des hommes.

Kad je završila sa svojim, počela je prazniti muške zalihe.

Comme un tourbillon, elle a déchiré les affaires de Charles et Hal.
Poput vihora, probila je Charlesove i Halove stvari.
Même si la charge était réduite de moitié, elle était encore bien plus lourde que nécessaire.
Iako je teret bio prepolovljen, i dalje je bio daleko teži nego što je bilo potrebno.
Cette nuit-là, Charles et Hal sont sortis et ont acheté six nouveaux chiens.
Te noći, Charles i Hal su izašli i kupili šest novih pasa.
Ces nouveaux chiens ont rejoint les six originaux, plus Teek et Koona.
Ovi novi psi pridružili su se originalnoj šestorici, plus Teeku i Kooni.
Ensemble, ils formaient une équipe de quatorze chiens attelés au traîneau.
Zajedno su činili tim od četrnaest pasa privezanih za saonice.
Mais les nouveaux chiens n'étaient pas aptes et mal entraînés au travail en traîneau.
Ali novi psi bili su nesposobni i slabo obučeni za rad u saonicama.
Trois des chiens étaient des pointeurs à poil court et un était un Terre-Neuve.
Tri psa bila su kratkodlaki ptičari, a jedan je bio njufaundlend.
Les deux derniers chiens étaient des bâtards sans race ni objectif clairement définis.
Posljednja dva psa bili su pse bez ikakve jasne pasmine ili namjene.
Ils n'ont pas compris le sentier et ne l'ont pas appris rapidement.
Nisu razumjeli stazu i nisu je brzo naučili.
Buck et ses compagnons les regardaient avec mépris et une profonde irritation.
Buck i njegovi drugovi promatrali su ih s prezirom i dubokom iritacijom.
Bien que Buck leur ait appris ce qu'il ne fallait pas faire, il ne pouvait pas leur enseigner le devoir.

Iako ih je Buck naučio što ne smiju raditi, nije ih mogao naučiti dužnosti.

Ils n'ont pas bien supporté la vie sur les sentiers ni la traction des rênes et des traîneaux.

Nisu dobro podnosili vuču ili vuču uzdi i saonica.

Seuls les bâtards essayaient de s'adapter, et même eux manquaient d'esprit combatif.

Samo su se mješanci pokušali prilagoditi, a čak je i njima nedostajalo borbenog duha.

Les autres chiens étaient confus, affaiblis et brisés par leur nouvelle vie.

Ostali psi bili su zbunjeni, oslabljeni i slomljeni svojim novim životom.

Les nouveaux chiens étant désemparés et les anciens épuisés, l'espoir était mince.

S novim psima koji nisu imali pojma, a stari su bili iscrpljeni, nada je bila slaba.

L'équipe de Buck avait parcouru deux mille cinq cents kilomètres de sentiers difficiles.

Buckov tim je prešao dvjesto tisuća i petsto milja surove staze.

Pourtant, les deux hommes étaient joyeux et fiers de leur grande équipe de chiens.

Ipak, dvojica muškaraca bila su vesela i ponosna na svoj veliki pseći tim.

Ils pensaient voyager avec style, avec quatorze chiens attelés.

Mislili su da putuju sa stilom, s četrnaest uvezanih pasa.

Ils avaient vu des traîneaux partir pour Dawson, et d'autres en arriver.

Vidjeli su saonice kako odlaze za Dawson, a druge kako odatle stižu.

Mais ils n'en avaient jamais vu un tiré par quatorze chiens.

Ali nikada nisu vidjeli da ga vuče čak četrnaest pasa.

Il y avait une raison pour laquelle de telles équipes étaient rares dans la nature sauvage de l'Arctique.

Postojao je razlog zašto su takvi timovi bili rijetki u arktičkoj divljini.

Aucun traîneau ne pouvait transporter suffisamment de nourriture pour nourrir quatorze chiens pendant le voyage.
Nijedna zaprega nije mogla prevesti dovoljno hrane za četrnaest pasa tijekom putovanja.
Mais Charles et Hal ne le savaient pas : ils avaient fait le calcul.
Ali Charles i Hal to nisu znali - već su izračunali.
Ils ont planifié la nourriture : tant par chien, tant de jours, et c'est fait.
Olovkom su isplanirali hranu: toliko po psu, toliko dana, gotovo.
Mercedes regarda leurs chiffres et hocha la tête comme si cela avait du sens.
Mercedes je pogledala njihove brojke i kimnula kao da to ima smisla.
Tout cela lui semblait très simple, du moins sur le papier.
Sve joj se činilo vrlo jednostavnim, barem na papiru.

Le lendemain matin, Buck conduisit lentement l'équipe dans la rue enneigée.
Sljedećeg jutra, Buck je polako vodio tim uz snježnu ulicu.
Il n'y avait aucune énergie ni aucun esprit en lui ou chez les chiens derrière lui.
Nije bilo energije ni duha ni u njemu ni u psima iza njega.
Ils étaient épuisés dès le départ, il n'y avait plus de réserve.
Bili su mrtvi umorni od samog početka - nije bilo više rezerve.
Buck avait déjà effectué quatre voyages entre Salt Water et Dawson.
Buck je već četiri puta putovao između Salt Watera i Dawsona.
Maintenant, confronté à nouveau à la même épreuve, il ne ressentait que de l'amertume.
Sada, suočen ponovno s istim putem, nije osjećao ništa osim gorčine.
Son cœur n'y était pas, ni celui des autres chiens.
Nije bio oduševljen time, kao ni drugim psima.
Les nouveaux chiens étaient timides et les huskies manquaient totalement de confiance.

Novi psi su bili plašljivi, a haskijima je nedostajalo nikakvo povjerenje.

Buck sentait qu'il ne pouvait pas compter sur ces deux hommes ou sur leur sœur.

Buck je osjetio da se ne može osloniti na ova dva muškarca ili njihovu sestru.

Ils ne savaient rien et ne montraient aucun signe d'apprentissage sur le sentier.

Nisu znali ništa i nisu pokazivali znakove učenja na stazi.

Ils étaient désorganisés et manquaient de tout sens de la discipline.

Bili su neorganizirani i nedostajao im je svaki osjećaj za disciplinu.

Il leur fallait à chaque fois la moitié de la nuit pour monter un campement bâclé.

Trebalo im je pola noći da svaki put postave neuredni logor.

Et ils passèrent la moitié de la matinée suivante à tâtonner à nouveau avec le traîneau.

I pola sljedećeg jutra proveli su ponovno petljajući sa sankama.

À midi, ils s'arrêtaient souvent juste pour réparer la charge inégale.

Do podneva su se često zaustavljali samo da poprave neravnomjeran teret.

Certains jours, ils parcouraient moins de dix milles au total.

Nekih su dana ukupno putovali manje od deset milja.

D'autres jours, ils ne parvenaient pas du tout à quitter le camp.

Drugih dana uopće nisu uspjeli napustiti logor.

Ils n'ont jamais réussi à couvrir la distance alimentaire prévue.

Nikada se nisu približili planiranoj udaljenosti za hranu.

Comme prévu, ils ont très vite manqué de nourriture pour les chiens.

Kao što se i očekivalo, vrlo brzo im je ponestalo hrane za pse.

Ils ont aggravé la situation en les suralimentant au début.

Pogoršali su stvari prejedanjem u ranim danima.

À chaque ration négligée, la famine se rapprochait.

To je sa svakim nepažljivim obrokom približavalo glad.

Les nouveaux chiens n'avaient pas appris à survivre avec très peu.

Novi psi nisu naučili preživjeti s vrlo malo hrane.

Ils mangeaient avec faim, avec un appétit trop grand pour le sentier.

Jeli su gladno, s apetitom prevelikim za put.

Voyant les chiens s'affaiblir, Hal pensait que la nourriture n'était pas suffisante.

Vidjevši kako psi slabe, Hal je vjerovao da hrana nije dovoljna.

Il a doublé les rations, rendant l'erreur encore pire.

Udvostručio je obroke, čime je greška postala još gora.

Mercedes a aggravé le problème avec ses larmes et ses douces supplications.

Mercedes je problemu doprinijela suzama i tihim molbama.

Comme elle n'arrivait pas à convaincre Hal, elle nourrissait les chiens en secret.

Kad nije mogla uvjeriti Hala, potajno je nahranila pse.

Elle a volé des sacs de poissons et les leur a donnés dans son dos.

Krala je iz vreća s ribom i davala im je iza njegovih leđa.

Mais ce dont les chiens avaient réellement besoin, ce n'était pas de plus de nourriture, mais de repos.

Ali ono što psima zaista nije bilo potrebno bila je više hrane - bio je to odmor.

Ils progressaient mal, mais le lourd traîneau continuait à avancer.

Loše su napredovali, ali teške saonice su se i dalje vukle.

Ce poids à lui seul épuisait chaque jour leurs forces restantes.

Samo ta težina im je svakodnevno iscrpljivala preostalu snagu.

Puis vint l'étape de la sous-alimentation, les réserves s'épuisant.

Zatim je uslijedila faza pothranjenosti jer su zalihe nestajale.

Un matin, Hal s'est rendu compte que la moitié de la nourriture pour chien avait déjà disparu.

Hal je jednog jutra shvatio da je pola pseće hrane već nestalo.

Ils n'avaient parcouru qu'un quart de la distance totale du sentier.

Prešli su samo četvrtinu ukupne udaljenosti staze.

On ne pouvait plus acheter de nourriture, quel que soit le prix proposé.

Više se nije mogla kupiti hrana, bez obzira na ponuđenu cijenu.

Il a réduit les portions des chiens en dessous de la ration quotidienne standard.

Smanjio je porcije pasa ispod standardne dnevne porcije.

Dans le même temps, il a exigé des voyages plus longs pour compenser la perte.

Istovremeno, zahtijevao je dulja putovanja kako bi nadoknadio gubitak.

Mercedes et Charles ont soutenu ce plan, mais ont échoué dans son exécution.

Mercedes i Charles su podržali ovaj plan, ali nisu uspjeli u njegovoj izvedbi.

Leur lourd traîneau et leur manque de compétences rendaient la progression presque impossible.

Njihove teške saonice i nedostatak vještine učinili su napredak gotovo nemogućim.

Il était facile de donner moins de nourriture, mais impossible de forcer plus d'efforts.

Bilo je lako dati manje hrane, ali nemoguće prisiliti se na veći napor.

Ils ne pouvaient pas commencer plus tôt, ni voyager pendant des heures supplémentaires.

Nisu mogli rano krenuti, niti su mogli putovati prekovremeno.

Ils ne savaient pas comment travailler les chiens, ni eux-mêmes d'ailleurs.

Nisu znali kako upravljati psima, a ni sobom, što se toga tiče.

Le premier chien à mourir était Dub, le voleur malchanceux mais travailleur.

Prvi pas koji je uginuo bio je Dub, nesretni, ali vrijedni lopov.

Bien que souvent puni, Dub avait fait sa part sans se plaindre.

Iako često kažnjavan, Dub je nosio svoju dužnost bez prigovora.

Son épaule blessée s'est aggravée sans qu'il soit nécessaire de prendre soin de lui et de se reposer.

Njegovo ozlijeđeno rame se pogoršavalo bez njege ili potrebe za odmorom.

Finalement, Hal a utilisé le revolver pour mettre fin aux souffrances de Dub.

Konačno, Hal je upotrijebio revolver kako bi okončao Dubovu patnju.

Un dicton courant dit que les chiens normaux meurent à cause des rations de husky.

Uobičajena izreka tvrdila je da normalni psi umiru od haskijevih obroka.

Les six nouveaux compagnons de Buck n'avaient que la moitié de la part de nourriture du husky.

Buckovih šest novih suputnika imalo je samo polovicu haskijevog udjela hrane.

Le Terre-Neuve est mort en premier, puis les trois braques à poil court.

Prvo je uginuo novofaundlend, a zatim tri kratkodlaka poenta.

Les deux bâtards résistèrent plus longtemps mais finirent par périr comme les autres.

Dva mješanca su se duže držala, ali su na kraju uginula kao i ostali.

À cette époque, toutes les commodités et la douceur du Southland avaient disparu.

Do tada su sve pogodnosti i blagost Juga nestale.

Les trois personnes avaient perdu les dernières traces de leur éducation civilisée.

To troje ljudi odbacilo je posljednje tragove svog civiliziranog odgoja.

Dépouillé de glamour et de romantisme, le voyage dans l'Arctique est devenu brutalement réel.

Lišeno glamura i romantike, arktičko putovanje postalo je brutalno stvarno.

C'était une réalité trop dure pour leur sens de la virilité et de la féminité.

Bila je to presurova stvarnost za njihov osjećaj muževnosti i ženstvenosti.

Mercedes ne pleurait plus pour les chiens, mais maintenant elle pleurait seulement pour elle-même.

Mercedes više nije plakala za psima, već je sada plakala samo za sobom.

Elle passait son temps à pleurer et à se disputer avec Hal et Charles.

Vrijeme je provodila plačući i svađajući se s Halom i Charlesom.

Se disputer était la seule chose qu'ils n'étaient jamais trop fatigués de faire.

Svađa je bila jedina stvar za koju se nikad nisu previše umorili.

Leur irritabilité provenait de la misère, grandissait avec elle et la surpassait.

Njihova razdražljivost dolazila je iz bijede, rasla je s njom i nadmašila je.

La patience du sentier, connue de ceux qui peinent et souffrent avec bienveillance, n'est jamais venue.

Strpljenje na putu, poznato onima koji se trude i pate ljubazno, nikada nije došlo.

Cette patience, qui garde la parole douce malgré la douleur, leur était inconnue.

To strpljenje, koje održava govor slatkim kroz bol, bilo im je nepoznato.

Ils n'avaient aucune trace de patience, aucune force tirée de la souffrance avec grâce.

Nisu imali ni traga strpljenja, ni snage crpene iz patnje s milošću.

Ils étaient raides de douleur : leurs muscles, leurs os et leur cœur étaient douloureux.

Bili su ukočeni od boli - boljeli su ih mišići, kosti i srca.

À cause de cela, ils devinrent acerbes et prompts à prononcer des paroles dures.

Zbog toga su postali oštri na jeziku i brzi na grube riječi.

Chaque jour commençait et se terminait par des voix en colère et des plaintes amères.

Svaki dan je počinjao i završavao ljutitim glasovima i gorkim pritužbama.

Charles et Hal se disputaient chaque fois que Mercedes leur en donnait l'occasion.

Charles i Hal su se svađali kad god bi im Mercedes dala priliku.

Chaque homme estimait avoir fait plus que sa juste part du travail.

Svaki je čovjek vjerovao da je učinio više nego što mu pripada.

Aucun des deux n'a jamais manqué une occasion de le dire, encore et encore.

Niti jedno od njih nije propustilo priliku da to kaže, iznova i iznova.

Parfois, Mercedes se rangeait du côté de Charles, parfois du côté de Hal.

Ponekad je Mercedes stala na stranu Charlesa, ponekad na stranu Hala.

Cela a conduit à une grande et interminable querelle entre les trois.

To je dovelo do velike i beskrajne svađe među njima trojicom.

Une dispute sur la question de savoir qui devait couper le bois de chauffage est devenue incontrôlable.

Spor oko toga tko bi trebao cijepati drva za ogrjev izmakao je kontroli.

Bientôt, les pères, les mères, les cousins et les parents décédés ont été nommés.

Ubrzo su imenovani očevi, majke, rođaci i preminuli rođaci.

Les opinions de Hal sur l'art ou les pièces de son oncle sont devenues partie intégrante du combat.

Halovi stavovi o umjetnosti ili drame njegovog ujaka postali su dio borbe.

Les convictions politiques de Charles sont également entrées dans le débat.

Charlesova politička uvjerenja također su ušla u raspravu.

Pour Mercedes, même les ragots de la sœur de son mari semblaient pertinents.

Mercedes su se čak i tračevi muževljeve sestre činili relevantnima.

Elle a exprimé son opinion sur ce sujet et sur de nombreux défauts de la famille de Charles.

Iznijela je mišljenja o tome i o mnogim manama Charlesove obitelji.

Pendant qu'ils se disputaient, le feu restait éteint et le camp à moitié monté.

Dok su se prepirali, vatra je ostala ugašena, a logor napola zapaljen.

Pendant ce temps, les chiens restaient froids et sans nourriture.

U međuvremenu, psi su ostali hladni i bez ikakve hrane.

Mercedes avait un grief qu'elle considérait comme profondément personnel.

Mercedes je imala zamjerku koju je smatrala duboko osobnom.

Elle se sentait maltraitée en tant que femme, privée de ses doux privilèges.

Osjećala se zlostavljano kao žena, uskraćene su joj njezine privilegije blagonaklonosti.

Elle était jolie et douce, et habituée à la chevalerie toute sa vie.

Bila je lijepa i nježna, i cijeli život navikla na viteštvo.

Mais son mari et son frère la traitaient désormais avec impatience.

Ali njezin muž i brat sada su se prema njoj odnosili s nestrpljenjem.

Elle avait pour habitude d'agir comme si elle était impuissante, et ils commencèrent à se plaindre.

Imala je naviku ponašati se bespomoćno, a oni su se počeli žaliti.

Offensée par cela, elle leur rendit la vie encore plus difficile.
Uvrijeđena time, dodatno im je otežala život.

Elle a ignoré les chiens et a insisté pour conduire elle-même le traîneau.
Ignorirala je pse i inzistirala je da sama vozi saonice.

Bien que légère en apparence, elle pesait cent vingt livres.
Iako je bila lagane građe, težila je sto dvadeset funti.

Ce fardeau supplémentaire était trop lourd pour les chiens affamés et faibles.
Taj dodatni teret bio je prevelik za izgladnjele, slabe pse.

Elle a continué à monter pendant des jours, jusqu'à ce que les chiens s'effondrent sous les rênes.
Ipak, jahala je danima, sve dok se psi nisu srušili pod uzde.

Le traîneau s'arrêta et Charles et Hal la supplièrent de marcher.
Sanke su stajale mirno, a Charles i Hal su je molili da hoda.

Ils la supplièrent et la supplièrent, mais elle pleura et les traita de cruels.
Molili su i preklinjali, ali ona je plakala i nazivala ih okrutnima.

À une occasion, ils l'ont tirée du traîneau avec force et colère.
Jednom prilikom su je silom i bijesom skinuli sa saonica.

Ils n'ont plus jamais essayé après ce qui s'est passé cette fois-là.
Nikada više nisu pokušali nakon onoga što se tada dogodilo.

Elle devint molle comme un enfant gâté et s'assit dans la neige.
Opustila se poput razmaženog djeteta i sjela u snijeg.

Ils continuèrent leur chemin, mais elle refusa de se lever ou de les suivre.
Krenuli su dalje, ali ona je odbila ustati ili ih slijediti.

Après trois milles, ils s'arrêtèrent, revinrent et la ramenèrent.
Nakon tri milje, zaustavili su se, vratili i odnijeli je natrag.

Ils l'ont rechargée sur le traîneau, en utilisant encore une fois la force brute.
Ponovno su je utovarili na sanjke, ponovno koristeći sirovu snagu.

Dans leur profonde misère, ils étaient insensibles à la souffrance des chiens.

U svojoj dubokoj bijedi, bili su bešćutni prema patnji pasa.

Hal croyait qu'il fallait s'endurcir et il a imposé cette croyance aux autres.

Hal je vjerovao da se čovjek mora otvrdnuti i nametao je to uvjerenje drugima.

Il a d'abord essayé de prêcher sa philosophie à sa sœur

Prvo je pokušao propovijedati svoju filozofiju sestri

et puis, sans succès, il prêcha à son beau-frère.

a zatim je bezuspješno propovijedao svom šogoru.

Il a eu plus de succès avec les chiens, mais seulement parce qu'il leur a fait du mal.

Imao je više uspjeha sa psima, ali samo zato što ih je ozlijedio.

Chez Five Fingers, la nourriture pour chiens est complètement épuisée.

U Five Fingersu, hrana za pse je potpuno ostala bez hrane.

Une vieille squaw édentée a vendu quelques kilos de peau de cheval congelée

Bezuba stara skvo prodala je nekoliko kilograma smrznute konjske kože

Hal a échangé son revolver contre la peau de cheval séchée.

Hal je zamijenio svoj revolver za osušenu konjsku kožu.

La viande provenait de chevaux affamés d'éleveurs de bétail des mois auparavant.

Meso je došlo od izgladnjelih konja stočara mjesecima ranije.

Gelée, la peau était comme du fer galvanisé ; dure et immangeable.

Smrznuta, koža je bila poput pocinčanog željeza; žilava i nejestiva.

Les chiens devaient mâcher la peau sans fin pour la manger.

Psi su morali beskrajno žvakati kožu kako bi je pojeli.

Mais les cordes en cuir et les cheveux courts n'étaient guère une nourriture.

Ali kožaste niti i kratka kosa teško da su bile hrana.

La majeure partie de la peau était irritante et ne constituait pas véritablement de la nourriture.

Većina kože bila je iritantna i nije bila hrana u pravom smislu riječi.

Et pendant tout ce temps, Buck titubait en tête, comme dans un cauchemar.

I kroz sve to, Buck se teturao sprijeda, kao u noćnoj mori.

Il tirait quand il le pouvait ; quand il ne le pouvait pas, il restait allongé jusqu'à ce qu'un fouet ou un gourdin le relève.

Vukao je kad god je mogao; kad nije, ležao je dok ga bič ili palica ne bi podigli.

Son pelage fin et brillant avait perdu toute sa rigidité et son éclat d'autrefois.

Njegova fina, sjajna dlaka izgubila je svu nekadašnju čvrstoću i sjaj.

Ses cheveux pendaient, mous, en bataille et coagulés par le sang séché des coups.

Kosa mu je visjela mlohavo, raščupana i zgrušana od osušene krvi od udaraca.

Ses muscles se sont réduits à l'état de cordes et ses coussinets de chair étaient tous usés.

Mišići su mu se smanjili u žice, a svi kožni jastučići bili su istrošeni.

Chaque côte, chaque os apparaissait clairement à travers les plis de la peau ridée.

Svako rebro, svaka kost jasno se vidjela kroz nabore naborane kože.

C'était déchirant, mais le cœur de Buck ne pouvait pas se briser.

Bilo je srceparajuće, ali Buckovo srce se nije moglo slomiti.

L'homme au pull rouge avait testé cela et l'avait prouvé il y a longtemps.

Čovjek u crvenom džemperu to je davno isprobao i dokazao.

Comme ce fut le cas pour Buck, ce fut le cas pour tous ses coéquipiers restants.

Kao što je bilo s Buckom, tako je bilo i sa svim njegovim preostalim suigračima.

Il y en avait sept au total, chacun étant un squelette ambulant de misère.

Bilo ih je ukupno sedam, svaki od njih hodajući kostur bijede.

Ils étaient devenus insensibles au fouet, ne ressentant qu'une douleur lointaine.

Utrnuli su od udaraca bičem, osjećajući samo daleku bol.

Même la vue et le son leur parvenaient faiblement, comme à travers un épais brouillard.

Čak su im i vid i zvuk dopirali slabo, kao kroz gustu maglu.

Ils n'étaient pas à moitié vivants : c'étaient des os avec de faibles étincelles à l'intérieur.

Nisu bili napola živi - bili su to kosti s prigušenim iskrama u sebi.

Lorsqu'ils s'arrêtèrent, ils s'effondrèrent comme des cadavres, leurs étincelles presque éteintes.

Kad su se zaustavili, srušili su se poput leševa, njihove su iskre gotovo nestale.

Et lorsque le fouet ou le gourdin frappaient à nouveau, les étincelles voltigeaient faiblement.

A kad bič ili toljaga ponovno udarili, iskre su slabo treperile.

Puis ils se levèrent, titubèrent en avant et traînèrent leurs membres en avant.

Zatim su se digli, teturali naprijed i vukli udove naprijed.

Un jour, le gentil Billee tomba et ne put plus se relever du tout.

Jednog dana, ljubazni Billee je pao i više se uopće nije mogao ustati.

Hal avait échangé son revolver, alors il a utilisé une hache pour tuer Billee à la place.

Hal je zamijenio svoj revolver, pa je umjesto toga ubio Billeeja sjekirom.

Il le frappa à la tête, puis lui coupa le corps et le traîna.

Udario ga je po glavi, zatim mu je odsjekao tijelo i odvukao ga.

Buck vit cela, et les autres aussi ; ils savaient que la mort était proche.

Buck je to vidio, kao i ostali; znali su da je smrt blizu.

Le lendemain, Koona partit, ne laissant que cinq chiens dans l'équipe affamée.

Sljedećeg dana Koona je otišao, ostavljajući samo pet pasa u izgladnjelom timu.

Joe, qui n'était plus méchant, était trop loin pour se rendre compte de quoi que ce soit.

Joe, više ne zao, bio je previše daleko da bi uopće bio svjestan ištaga.

Pike, ne faisant plus semblant d'être blessé, était à peine conscient.

Pike, više ne glumeći ozljedu, jedva je bio pri svijesti.

Solleks, toujours fidèle, se lamentait de ne plus avoir de force à donner.

Solleks, još uvijek vjeran, tugovao je što nema snage dati.

Teek a été le plus battu parce qu'il était plus frais, mais qu'il s'estompait rapidement.

Teek je najviše pretučen jer je bio svježiji, ali je brzo slabio.

Et Buck, toujours en tête, ne maintenait plus l'ordre ni ne le faisait respecter.

A Buck, još uvijek na čelu, više nije održavao red niti ga provodio.

À moitié aveugle à cause de sa faiblesse, Buck suivit la piste au toucher seul.

Poluslijep od slabosti, Buck je slijedio trag samo osjećajem.

C'était un beau temps printanier, mais aucun d'entre eux ne l'a remarqué.

Bilo je prekrasno proljetno vrijeme, ali nitko od njih to nije primijetio.

Chaque jour, le soleil se levait plus tôt et se couchait plus tard qu'avant.

Svaki dan sunce je izlazilo ranije i zalazilo kasnije nego prije.

À trois heures du matin, l'aube était arrivée ; le crépuscule durait jusqu'à neuf heures.

Do tri ujutro svanula je zora; sumrak je trajao do devet.

Les longues journées étaient remplies du plein soleil printanier.

Dugi dani bili su ispunjeni punim sjajem proljetnog sunca.

Le silence fantomatique de l'hiver s'était transformé en un murmure chaleureux.

Sablasna tišina zime pretvorila se u toplo mrmljanje.

Toute la terre s'éveillait, animée par la joie des êtres vivants.

Cijela se zemlja budila, živjela od radosti živih bića.

Le bruit provenait de ce qui était resté mort et immobile pendant l'hiver.

Zvuk je dolazio iz onoga što je ležalo mrtvo i nepomično tijekom zime.

Maintenant, ces choses bougeaient à nouveau, secouant le long sommeil de gel.

Sada su se ta stvorenja ponovno pomaknula, otresajući se dugog ledenog sna.

La sève montait à travers les troncs sombres des pins en attente.

Sok se dizao kroz tamna debla borova koji su čekali.

Les saules et les trembles font apparaître de jeunes bourgeons brillants sur chaque brindille.

Vrbe i jasike izbijaju sjajne mlade pupoljke na svakoj grančici.

Les arbustes et les vignes se parent d'un vert frais tandis que les bois prennent vie.

Grmlje i vinova loza poprimili su svježu zelenu boju dok su šume oživljavale.

Les grillons chantaient la nuit et les insectes rampaient au soleil.

Cvirci su noću cvrčali, a kukci su gmizali na dnevnom suncu.

Les perdrix résonnaient et les pics frappaient profondément dans les arbres.

Jarebice su tutnjale, a djetlići su kucali duboko u drveću.

Les écureuils bavardaient, les oiseaux chantaient et les oies klaxonnaient au-dessus des chiens.

Vjeverice su čavrljale, ptice pjevale, a guske su trubile nad psima.

Les oiseaux sauvages arrivaient en groupes serrés, volant vers le haut depuis le sud.

Divlje peradi su dolazile u oštrim klinovima, leteći s juga.

De chaque colline venait la musique des ruisseaux cachés et impétueux.

Sa svake padine dopirala je glazba skrivenih, žuborećih potoka.

Toutes choses ont dégelé et se sont brisées, se sont pliées et ont repris leur mouvement.

Sve se odmrznulo i puklo, savilo i ponovno se pokrenulo.

Le Yukon s'efforçait de briser les chaînes de froid de la glace gelée.

Yukon se naprezao da razbije hladne lance smrznutog leda.

La glace fondait en dessous, tandis que le soleil la faisait fondre par le dessus.

Led se topio odozdo, dok ga je sunce topilo odozgo.

Des trous d'aération se sont ouverts, des fissures se sont propagées et des morceaux sont tombés dans la rivière.

Otvorili su se otvori za zrak, pukotine su se proširile, a komadi su padali u rijeku.

Au milieu de toute cette vie débordante et flamboyante, les voyageurs titubaient.

Usred sveg tog užurbanog i plamtećeg života, putnici su teturali.

Deux hommes, une femme et une meute de huskies marchaient comme des morts.

Dva muškarca, žena i čopor haskija hodali su kao mrtvi.

Les chiens tombaient, Mercedes pleurait, mais continuait à conduire le traîneau.

Psi su padali, Mercedes je plakala, ali je i dalje vozila saonice.

Hal jura faiblement et Charles cligna des yeux à travers ses yeux larmoyants.

Hal je slabo opsovao, a Charles je trepnuo kroz suzne oči.

Ils tombèrent sur le camp de John Thornton à l'embouchure de la rivière White.

Nabasali su na logor Johna Thorntona kod ušća Bijele rijeke.

Lorsqu'ils s'arrêtèrent, les chiens s'effondrèrent, comme s'ils étaient tous morts.

Kad su se zaustavili, psi su se srušili na zemlju, kao da su svi udareni mrtvi.

Mercedes essuya ses larmes et regarda John Thornton.

Mercedes je obrisala suze i pogledala Johna Thorntona.

Charles s'assit sur une bûche, lentement et raidement, souffrant du sentier.

Charles je sjedio na trupcu, polako i ukočeno, boleći se od staze.

Hal parlait pendant que Thornton sculptait l'extrémité d'un manche de hache.

Hal je govorio dok je Thornton rezbario vrh drške sjekire.

Il taillait du bois de bouleau et répondait par des réponses brèves et fermes.

Rezao je brezovo drvo i odgovarao kratkim, čvrstim odgovorima.

Lorsqu'on lui a demandé son avis, il a donné des conseils, certain qu'ils ne seraient pas suivis.

Kad su ga pitali, dao je savjet, siguran da ga se neće poslušati.

Hal a expliqué : « Ils nous ont dit que la glace du sentier disparaissait. »

Hal je objasnio: „Rekli su nam da se led na stazi otapa."

« Ils ont dit que nous devions rester sur place, mais nous sommes arrivés à White River. »

„Rekli su da ostanemo ovdje - ali stigli smo do White Rivera."

Il a terminé sur un ton moqueur, comme pour crier victoire dans les difficultés.

Završio je podrugljivim tonom, kao da tvrdi da je pobijedio u teškoćama.

« Et ils t'ont dit la vérité », répondit doucement John Thornton à Hal.

„I rekli su ti istinu", tiho je odgovorio John Thornton Halu.

« La glace peut céder à tout moment, elle est prête à tomber. »

„Led može popustiti svakog trena — spreman je otpasti."

« Seuls un peu de chance et des imbéciles ont pu arriver jusqu'ici en vie. »

"Samo slijepa sreća i budale mogli su doživjeti ovoliko života."

« Je vous le dis franchement, je ne risquerais pas ma vie pour tout l'or de l'Alaska. »

„Kažem ti otvoreno, ne bih riskirao život za svo aljaško zlato."

« C'est parce que tu n'es pas un imbécile, je suppose », répondit Hal.

„To je valjda zato što nisi budala", odgovori Hal.

« Tout de même, nous irons à Dawson. » Il déroula son fouet.

„Svejedno, idemo dalje do Dawsona." Odmotao je bič.

« Monte là-haut, Buck ! Salut ! Debout ! Vas-y ! » cria-t-il durement.

„Popni se gore, Buck! Bok! Ustaj! Hajde!" oštro je viknuo.

Thornton continuait à tailler, sachant que les imbéciles n'entendraient pas la raison.

Thornton je nastavio rezbariti, znajući da budale neće čuti razum.

Arrêter un imbécile était futile, et deux ou trois imbéciles ne changeaient rien.

Zaustaviti budalu bilo je uzaludno - a dvije ili tri budale nisu ništa promijenile.

Mais l'équipe n'a pas bougé au son de l'ordre de Hal.

Ali tim se nije pomaknuo na zvuk Halove naredbe.

Désormais, seuls les coups pouvaient les faire se relever et avancer.

Do sada su ih samo udarci mogli natjerati da se dignu i krenu naprijed.

Le fouet claquait encore et encore sur les chiens affaiblis.

Bič je iznova i iznova udarao po oslabljenim psima.

John Thornton serra fermement ses lèvres et regarda en silence.

John Thornton čvrsto je stisnuo usne i promatrao u tišini.

Solleks fut le premier à se relever sous le fouet.

Solleks je prvi puzajući skočio na noge pod bičem.

Puis Teek le suivit, tremblant. Joe poussa un cri en se relevant.

Zatim je Teek drhtavo krenuo za njim. Joe je kriknuo dok se spoticao.

Pike a essayé de se relever, a échoué deux fois, puis est finalement resté debout, chancelant.

Pike je pokušao ustati, dvaput nije uspio, a onda je konačno nesigurno stao.

Mais Buck resta là où il était tombé, sans bouger du tout cette fois.

Ali Buck je ležao tamo gdje je pao, ovaj put se uopće nije pomicao.

Le fouet le frappait à plusieurs reprises, mais il ne faisait aucun bruit.

Bič ga je udarao iznova i iznova, ali nije ispustio ni glasa.

Il n'a pas bronché ni résisté, il est simplement resté immobile et silencieux.

Nije se trznuo niti opirao, jednostavno je ostao miran i tih.

Thornton remua plus d'une fois, comme pour parler, mais ne le fit pas.

Thornton se pomaknuo više puta, kao da će progovoriti, ali nije.

Ses yeux s'humidifièrent, et le fouet continuait à claquer contre Buck.

Oči su mu se navlažile, a bič je i dalje udarao o Bucka.

Finalement, Thornton commença à marcher lentement, ne sachant pas quoi faire.

Konačno, Thornton je počeo polako koračati, nesiguran što da radi.

C'était la première fois que Buck échouait, et Hal devint furieux.

Bio je to prvi put da Buck nije uspio, a Hal se razbjesnio.

Il a jeté le fouet et a pris la lourde massue à la place.

Bacio je bič i umjesto toga podigao tešku toljagu.

Le club en bois s'abattit violemment, mais Buck ne se releva toujours pas pour bouger.

Drvena toljaga snažno je pala, ali Buck se i dalje nije dizao da se pomakne.

Comme ses coéquipiers, il était trop faible, mais plus que cela.

Poput svojih suigrača, bio je preslab - ali više od toga.

Buck avait décidé de ne pas bouger, quoi qu'il arrive.

Buck je odlučio da se ne miče, bez obzira na to što će se dogoditi.

Il sentait quelque chose de sombre et de certain planer juste devant lui.

Osjetio je nešto mračno i sigurno kako lebdi tik ispred sebe.

Cette peur l'avait saisi dès qu'il avait atteint la rive du fleuve.

Taj ga je strah obuzeo čim je stigao do obale rijeke.

Cette sensation ne l'avait pas quitté depuis qu'il sentait la glace s'amincir sous ses pattes.

Taj osjećaj ga nije napustio otkad je osjetio kako mu je led tanak pod šapama.

Quelque chose de terrible l'attendait – il le sentait juste au bout du sentier.

Nešto strašno ga je čekalo - osjećao je to odmah niz stazu.

Il n'allait pas marcher vers cette terrible chose devant lui.

Nije namjeravao hodati prema toj strašnoj stvari ispred sebe.

Il n'allait pas obéir à un quelconque ordre qui le conduirait à cette chose.

Nije namjeravao poslušati nikakvu naredbu koja ga je dovela do te stvari.

La douleur des coups ne l'atteignait plus guère, il était trop loin.

Bol od udaraca ga sada jedva da je doticala - bio je previše umoran.

L'étincelle de vie vacillait faiblement, s'affaiblissant sous chaque coup cruel.

Iskra života slabo je treperila, prigušena pod svakim okrutnim udarcem.

Ses membres semblaient lointains ; tout son corps semblait appartenir à un autre.

Udovi su mu bili udaljeni; cijelo tijelo kao da je pripadalo nekome drugome.

Il ressentit un étrange engourdissement alors que la douleur disparaissait complètement.

Osjetio je čudnu utrnulost dok je bol potpuno nestajala.

De loin, il sentait qu'il était battu, mais il le savait à peine.

Iz daljine je osjećao da ga tuku, ali jedva je bio svjestan toga.

Il pouvait entendre les coups sourds faiblement, mais ils ne faisaient plus vraiment mal.

Slabo je čuo tupe udarce, ali više nisu istinski boljeli.

Les coups ont porté, mais son corps ne semblait plus être le sien.

Udarci su padali, ali njegovo tijelo više nije izgledalo kao njegovo.

Puis, soudain, sans prévenir, John Thornton poussa un cri sauvage.

Tada je iznenada, bez upozorenja, John Thornton divlje kriknuo.

C'était inarticulé, plus le cri d'une bête que celui d'un homme.

Bio je neartikuliran, više krik zvijeri nego čovjeka.

Il sauta sur l'homme avec la massue et renversa Hal en arrière.

Skočio je na čovjeka s palicom i srušio Hala unatrag.

Hal vola comme s'il avait été frappé par un arbre, atterrissant durement sur le sol.

Hal je poletio kao da ga je udarilo drvo, teško sletjevši na tlo.

Mercedes a crié de panique et s'est agrippée au visage.

Mercedes je u panici glasno vrisnula i uhvatila se za lice.

Charles se contenta de regarder, s'essuya les yeux et resta assis.

Charles je samo gledao, obrisao oči i ostao sjediti.

Son corps était trop raide à cause de la douleur pour se lever ou aider au combat.

Tijelo mu je bilo previše ukočeno od boli da bi ustao ili pomogao u borbi.

Thornton se tenait au-dessus de Buck, tremblant de fureur, incapable de parler.

Thornton je stajao nad Buckom, drhteći od bijesa, nesposoban progovoriti.

Il tremblait de rage et luttait pour trouver sa voix à travers elle.

Tresao se od bijesa i borio se da pronađe svoj glas kroz njega.

« Si tu frappes encore ce chien, je te tue », dit-il finalement.

„Ako još jednom udariš tog psa, ubit ću te", konačno je rekao.

Hal essuya le sang de sa bouche et s'avança à nouveau.

Hal je obrisao krv s usta i ponovno prišao.

« C'est mon chien », murmura-t-il. « Dégage, ou je te répare.
»

„To je moj pas", promrmljao je. „Makni se s puta ili ću te ja srediti."

« Je vais à Dawson, et vous ne m'en empêcherez pas », a-t-il ajouté.

„Idem u Dawson, a ti me nećeš zaustaviti", dodao je.

Thornton se tenait fermement entre Buck et le jeune homme en colère.

Thornton je čvrsto stajao između Bucka i ljutitog mladića.

Il n'avait aucune intention de s'écarter ou de laisser passer Hal.

Nije imao namjeru da se pomakne ili pusti Hala da prođe.

Hal sortit son couteau de chasse, long et dangereux à la main.

Hal je izvukao svoj lovački nož, dug i opasan u ruci.

Mercedes a crié, puis pleuré, puis ri dans une hystérie sauvage.

Mercedes je vrištala, zatim plakala, a zatim se divlje histerično smijala.

Thornton frappa la main de Hal avec le manche de sa hache, fort et vite.

Thornton je snažno i brzo udario Halovu ruku drškom sjekire.

Le couteau s'est détaché de la main de Hal et a volé au sol.

Nož je ispao iz Halovog stiska i odletio na tlo.

Hal essaya de ramasser le couteau, et Thornton frappa à nouveau ses jointures.

Hal je pokušao podići nož, a Thornton je ponovno lupnuo zglobovima.

Thornton se baissa alors, attrapa le couteau et le tint.

Tada se Thornton sagnuo, zgrabio nož i držao ga.

D'un coup rapide de manche de hache, il coupa les rênes de Buck.

S dva brza udarca drškom sjekire prerezao je Buckove uzde.

Hal n'avait plus aucune résistance et s'éloigna du chien.

Hal nije više imao borbenosti i odmaknuo se od psa.

De plus, Mercedes avait désormais besoin de ses deux bras pour se maintenir debout.

Osim toga, Mercedes je sada trebala obje ruke da bi se održala uspravno.

Buck était trop proche de la mort pour pouvoir à nouveau tirer un traîneau.

Buck je bio preblizu smrti da bi ponovno bio koristan za vuču saonica.

Quelques minutes plus tard, ils se sont retirés et ont descendu la rivière.

Nekoliko minuta kasnije, krenuli su niz rijeku.

Buck leva faiblement la tête et les regarda quitter la banque.

Buck je slabo podigao glavu i gledao ih kako izlaze iz banke.

Pike a mené l'équipe, avec Solleks à l'arrière dans la roue.

Pike je predvodio momčad, a Solleks je bio na začelju na poziciji volana.

Joe et Teek marchaient entre eux, tous deux boitant d'épuisement.

Joe i Teek su hodali između, obojica šepajući od iscrpljenosti.

Mercedes s'assit sur le traîneau et Hal saisit le long mât.

Mercedes je sjedila na sanjkama, a Hal je čvrsto držao dugu motku za hvatanje.

Charles trébuchait derrière, ses pas maladroits et incertains.

Charles je teturao iza sebe, koraci su mu bili nespretni i nesigurni.

Thornton s'agenouilla près de Buck et chercha doucement des os cassés.

Thornton je kleknuo pokraj Bucka i nježno opipao slomljene kosti.

Ses mains étaient rudes mais bougeaient avec gentillesse et attention.

Ruke su mu bile grube, ali pokreti su im bili ljubazni i pažljivi.

Le corps de Buck était meurtri mais ne présentait aucune blessure durable.

Buckovo tijelo je bilo u modricama, ali nije pokazivalo trajne ozljede.

Ce qui restait, c'était une faim terrible et une faiblesse quasi totale.

Ono što je ostalo bila je strašna glad i gotovo potpuna slabost.

Au moment où cela fut clair, le traîneau était déjà loin en aval.

Dok se to razvedrilo, saonice su već otišle daleko nizvodno.

L'homme et le chien regardaient le traîneau ramper lentement sur la glace fissurée.

Čovjek i pas gledali su kako saonice polako pužu preko pucajućeg leda.

Puis, ils virent le traîneau s'enfoncer dans un creux.

Zatim su vidjeli kako saonice tonu u udubinu.

Le mât s'est envolé, Hal s'y accrochant toujours en vain.

Motka je odletjela gore, a Hal se još uvijek uzalud držao za nju.

Le cri de Mercedes les atteignit à travers la distance froide.

Mercedesin vrisak dopro je do njih preko hladne udaljenosti.

Charles se retourna et recula, mais il était trop tard.

Charles se okrenuo i koraknuo unatrag - ali bilo je prekasno.

Une calotte glaciaire entière a cédé et ils sont tous tombés à travers.

Cijela ledena ploča se srušila i svi su propali.

Les chiens, le traîneau et les gens ont disparu dans l'eau noire en contrebas.

Psi, saonice i ljudi nestali su u crnoj vodi ispod.

Il ne restait qu'un large trou dans la glace là où ils étaient passés.

Samo je široka rupa u ledu ostala tamo gdje su prošli.

Le fond du sentier s'était affaissé, comme Thornton l'avait prévenu.

Dno staze se urušilo - baš kao što je Thornton upozorio.

Thornton et Buck se regardèrent, silencieux pendant un moment.

Thornton i Buck su se pogledali i na trenutak zašutjeli.

« Pauvre diable », dit doucement Thornton, et Buck lui lécha la main.

„Jadniče", reče Thornton tiho, a Buck mu poliza ruku.

Pour l'amour d'un homme
Iz ljubavi prema čovjeku

John Thornton s'est gelé les pieds dans le froid du mois de décembre précédent.

Johnu Thorntonu su se smrzle noge u hladnoći prethodnog prosinca.

Ses partenaires l'ont mis à l'aise et l'ont laissé se rétablir seul.

Njegovi partneri su ga smjestili i ostavili ga da se sam oporavlja.

Ils remontèrent la rivière pour rassembler un radeau de billes de bois pour Dawson.

Otišli su uz rijeku kako bi skupili gomilu pilana za Dawsona.

Il boitait encore légèrement lorsqu'il a sauvé Buck de la mort.

Još je lagano šepao kad je spasio Bucka od smrti.

Mais avec le temps chaud qui continue, même cette boiterie a disparu.

Ali kako je toplo vrijeme potrajalo, čak je i to hramanje nestalo.

Allongé au bord de la rivière pendant les longues journées de printemps, Buck se reposait.

Ležeći uz obalu rijeke tijekom dugih proljetnih dana, Buck se odmarao.

Il regardait l'eau couler et écoutait les oiseaux et les insectes.

Promatrao je tekuću vodu i slušao ptice i kukce.

Lentement, Buck reprit ses forces sous le soleil et le ciel.

Polako je Buck vraćao snagu pod suncem i nebom.

Un repos merveilleux après avoir parcouru trois mille kilomètres.

Odmor je bio predivan nakon putovanja od tri tisuće milja.

Buck est devenu paresseux à mesure que ses blessures guérissaient et que son corps se remplissait.

Buck je postao lijen dok su mu rane zacjeljivale, a tijelo se punilo.

Ses muscles se raffermirent et la chair revint recouvrir ses os.

Mišići su mu se učvrstili, a meso se vratilo da prekrije njegove kosti.

Ils se reposaient tous : Buck, Thornton, Skeet et Nig.

Svi su se odmarali - Buck, Thornton, Skeet i Nig.

Ils attendaient le radeau qui allait les transporter jusqu'à Dawson.

Čekali su splav koja će ih odvesti do Dawsona.

Skeet était un petit setter irlandais qui s'est lié d'amitié avec Buck.

Skeet je bio mali irski seter koji se sprijateljio s Buckom.

Buck était trop faible et malade pour lui résister lors de leur première rencontre.

Buck je bio preslab i bolestan da bi joj se odupro pri njihovom prvom susretu.

Skeet avait le trait de guérisseur que certains chiens possèdent naturellement.

Skeet je imao osobinu iscjelitelja koju neki psi prirodno posjeduju.

Comme une mère chatte, elle lécha et nettoya les blessures à vif de Buck.

Poput majke mačke, lizala je i čistila Buckove otvorene rane.

Chaque matin, après le petit-déjeuner, elle répétait son travail minutieux.

Svako jutro nakon doručka ponavljala je svoj pažljivi rad.

Buck s'attendait à son aide autant qu'à celle de Thornton.

Buck je očekivao njezinu pomoć koliko i Thorntonovu.

Nig était également amical, mais moins ouvert et moins affectueux.

Nig je također bio prijateljski nastrojen, ali manje otvoren i manje privržen.

Nig était un gros chien noir, à la fois chien de Saint-Hubert et chien de chasse.

Nig je bio veliki crni pas, dijelom krvoslednik, a dijelom jelenski hrt.

Il avait des yeux rieurs et une infinie bonne nature dans son esprit.

Imao je nasmijane oči i beskrajnu dobrotu u duši.

À la surprise de Buck, aucun des deux chiens n'a montré de jalousie envers lui.

Na Buckovo iznenađenje, nijedan pas nije pokazao ljubomoru prema njemu.

Skeet et Nig ont tous deux partagé la gentillesse de John Thornton.

I Skeet i Nig dijelili su ljubaznost Johna Thorntona.

À mesure que Buck devenait plus fort, ils l'ont attiré dans des jeux de chiens stupides.

Kako je Buck postajao sve jači, namamili su ga u glupe pseće igre.

Thornton jouait souvent avec eux aussi, incapable de résister à leur joie.

Thornton se također često igrao s njima, ne mogavši odoljeti njihovoj radosti.

De cette manière ludique, Buck est passé de la maladie à une nouvelle vie.

Na ovaj razigran način, Buck je prešao iz bolesti u novi život.

L'amour – un amour véritable, brûlant et passionné – était enfin à lui.

Ljubav - istinska, goruća i strastvena ljubav - napokon je bila njegova.

Il n'avait jamais connu ce genre d'amour dans le domaine de Miller.

Nikada nije upoznao ovakvu ljubav na Millerovom imanju.

Avec les fils du juge, il avait partagé le travail et l'aventure.

Sa sučevim sinovima dijelio je posao i avanturu.

Chez les petits-fils, il vit une fierté raide et vantarde.

Kod unuka je vidio ukočen i hvalisav ponos.

Il entretenait avec le juge Miller lui-même une amitié respectueuse.

Sa samim sucem Millerom imao je prijateljstvo puno poštovanja.

Mais l'amour qui était feu, folie et adoration est venu avec Thornton.

Ali ljubav koja je bila vatra, ludilo i obožavanje došla je s Thorntonom.

Cet homme avait sauvé la vie de Buck, et cela seul signifiait beaucoup.

Ovaj čovjek je spasio Buckov život, i samo to je mnogo značilo.

Mais plus que cela, John Thornton était le type de maître idéal.

Ali više od toga, John Thornton bio je idealan tip učitelja.

D'autres hommes s'occupaient de chiens par devoir ou par nécessité professionnelle.

Drugi su se muškarci brinuli za pse iz dužnosti ili poslovne nužde.

John Thornton prenait soin de ses chiens comme s'ils étaient ses enfants.

John Thornton se brinuo za svoje pse kao da su mu djeca.

Il prenait soin d'eux parce qu'il les aimait et qu'il ne pouvait tout simplement pas s'en empêcher.

Brinuo se za njih jer ih je volio i jednostavno si nije mogao pomoći.

John Thornton a vu encore plus loin que la plupart des hommes n'ont jamais réussi à voir.

John Thornton je vidio čak i dalje nego što je većina ljudi ikada uspjela vidjeti.

Il n'oubliait jamais de les saluer gentiment ou de leur adresser un mot d'encouragement.

Nikada nije zaboravio ljubazno ih pozdraviti ili im reći koju riječ utjehe.

Il adorait s'asseoir avec les chiens pour de longues conversations, ou « gazeuses », comme il disait.

Volio je sjediti sa psima na duge razgovore, ili "nadut", kako je govorio.

Il aimait saisir brutalement la tête de Buck entre ses mains fortes.

Volio je grubo zgrabiti Buckovu glavu svojim snažnim rukama.

Puis il posa sa tête contre celle de Buck et le secoua doucement.

Zatim je naslonio glavu na Buckovu i nježno ga protresao.

Pendant tout ce temps, il traitait Buck de noms grossiers qui signifiaient de l'amour pour Buck.

Sve vrijeme je Bucka nazivao grubim imenima koja su za Bucka značila ljubav.

Pour Buck, cette étreinte brutale et ces mots ont apporté une joie profonde.

Bucku su taj grubi zagrljaj i te riječi donijeli duboku radost.

Son cœur semblait se déchaîner de bonheur à chaque mouvement.

Činilo se da mu srce pri svakom pokretu zalupava od sreće.

Lorsqu'il se releva ensuite, sa bouche semblait rire.

Kad je poslije skočio, usta su mu izgledala kao da se smiju.

Ses yeux brillaient et sa gorge tremblait d'une joie inexprimée.

Oči su mu jarko sjale, a grlo mu je drhtalo od neizrečene radosti.

Son sourire resta figé dans cet état d'émotion et d'affection rayonnante.

Njegov osmijeh je stajao nepomično u tom stanju emocija i blistave naklonosti.

Thornton s'exclama alors pensivement : « Mon Dieu ! Il peut presque parler ! »

Tada je Thornton zamišljeno uzviknuo: „Bože! on gotovo može govoriti!"

Buck avait une étrange façon d'exprimer son amour qui causait presque de la douleur.

Buck je imao čudan način izražavanja ljubavi koji je gotovo uzrokovao bol.

Il serrait souvent très fort la main de Thornton entre ses dents.

Često je čvrsto stiskao Thorntonovu ruku zubima.

La morsure allait laisser des marques profondes qui resteraient un certain temps après.

Ugriz će ostaviti duboke tragove koji će ostati neko vrijeme nakon toga.

Buck croyait que ces serments étaient de l'amour, et Thornton savait la même chose.

Buck je vjerovao da su te zakletve ljubav, a Thornton je znao isto.

Le plus souvent, l'amour de Buck se manifestait par une adoration silencieuse, presque silencieuse.

Najčešće se Buckova ljubav pokazivala u tihom, gotovo nijemom obožavanju.

Bien qu'il soit ravi lorsqu'on le touche ou qu'on lui parle, il ne cherche pas à attirer l'attention.

Iako je bio oduševljen kada bi ga se dodirnulo ili mu se govorilo, nije tražio pažnju.

Skeet a poussé son nez sous la main de Thornton jusqu'à ce qu'il la caresse.

Skeet je gurnula nos pod Thorntonovu ruku dok je nije pomilovao.

Nig s'approcha tranquillement et posa sa grosse tête sur le genou de Thornton.

Nig je tiho prišao i naslonio svoju veliku glavu na Thorntonovo koljeno.

Buck, au contraire, se contentait d'aimer à distance respectueuse.

Buck je, nasuprot tome, bio zadovoljan što voli s poštovane udaljenosti.

Il resta allongé pendant des heures aux pieds de Thornton, alerte et observant attentivement.

Satima je ležao pred Thorntonovim nogama, budan i pomno promatrajući.

Buck étudiait chaque détail du visage de son maître et le moindre mouvement.

Buck je proučavao svaki detalj lica svog gospodara i najmanji pokret.

Ou bien il était allongé plus loin, étudiant la silhouette de l'homme en silence.

Ili je ležao dalje, u tišini proučavajući čovjekov oblik.

Buck observait chaque petit mouvement, chaque changement de posture ou de geste.

Buck je promatrao svaki mali pokret, svaku promjenu držanja ili geste.

Ce lien était si puissant qu'il attirait souvent le regard de Thornton.

Ta je veza bila toliko snažna da je često privlačila Thorntonov pogled.

Il rencontra les yeux de Buck sans un mot, l'amour brillant clairement à travers.

Sreo je Buckov pogled bez riječi, kroz koji je jasno sjala ljubav.

Pendant longtemps après avoir été sauvé, Buck n'a jamais laissé Thornton hors de vue.

Dugo nakon što je spašen, Buck nije ispuštao Thorntona iz vida.

Chaque fois que Thornton quittait la tente, Buck le suivait de près à l'extérieur.

Kad god bi Thornton napustio šator, Buck bi ga pomno slijedio van.

Tous les maîtres sévères du Northland avaient fait que Buck avait peur de faire confiance.

Svi strogi gospodari na Sjeveru su Bucka uplašili da povjeruje.

Il craignait qu'aucun homme ne puisse rester son maître plus d'un court instant.

Bojao se da nitko ne može ostati njegov gospodar dulje od kratkog vremena.

Il craignait que John Thornton ne disparaisse comme Perrault et François.

Bojao se da će John Thornton nestati poput Perraulta i Françoisa.

Même la nuit, la peur de le perdre hantait le sommeil agité de Buck.

Čak i noću, strah od gubitka njega proganjao je Buckov nemiran san.

Quand Buck se réveilla, il se glissa dehors dans le froid et se dirigea vers la tente.

Kad se Buck probudio, iskrao se na hladnoću i otišao do šatora.

Il écoutait attentivement le doux bruit de la respiration à l'intérieur.

Pažljivo je osluškivao tihi zvuk disanja iznutra.

Malgré l'amour profond de Buck pour John Thornton, la nature sauvage est restée vivante.

Unatoč Buckovoj dubokoj ljubavi prema Johnu Thorntonu, divljina je ostala živa.

Cet instinct primitif, éveillé dans le Nord, n'a pas disparu.

Taj primitivni instinkt, probuđen na Sjeveru, nije nestao.

L'amour a apporté la dévotion, la loyauté et le lien chaleureux du coin du feu.

Ljubav je donijela odanost, lojalnost i toplu vezu uz kamin.

Mais Buck a également conservé son instinct sauvage, vif et toujours en alerte.

Ali Buck je također zadržao svoje divlje instinkte, oštre i uvijek budne.

Il n'était pas seulement un animal de compagnie apprivoisé venu des terres douces de la civilisation.

Nije bio samo pripitomljeni ljubimac iz mekih krajeva civilizacije.

Buck était un être sauvage qui était venu s'asseoir près du feu de Thornton.

Buck je bio divlje biće koje je došlo sjesti kraj Thorntonove vatre.

Il ressemblait à un chien du Southland, mais la sauvagerie vivait en lui.

Izgledao je kao pas iz Južnja, ali u njemu je živjela divljina.

Son amour pour Thornton était trop grand pour permettre de voler cet homme.

Njegova ljubav prema Thorntonu bila je prevelika da bi dopustio krađu cd njega.

Mais dans n'importe quel autre camp, il volerait avec audace et sans relâche.

Ali u bilo kojem drugom taboru, krao bi hrabro i bez zastoja.

Il était si habile à voler que personne ne pouvait l'attraper ou l'accuser.

Bio je toliko spretan u krađi da ga nitko nije mogao uhvatiti niti optužiti.

Son visage et son corps étaient couverts de cicatrices dues à de nombreux combats passés.

Lice i tijelo bili su mu prekriveni ožiljcima od mnogih prošlih borbi.

Buck se battait toujours avec acharnement, mais maintenant il se battait avec plus de ruse.

Buck se i dalje žestoko borio, ali sada se borio s više lukavstva.

Skeet et Nig étaient trop doux pour se battre, et ils appartenaient à Thornton.

Skeet i Nig bili su previše nježni za borbu, a bili su Thorntonovi.

Mais tout chien étranger, aussi fort ou courageux soit-il, cédait.

Ali svaki čudan pas, bez obzira koliko bio snažan ili hrabar, popustio je.

Sinon, le chien se retrouvait à lutter contre Buck, à se battre pour sa vie.

Inače, pas se našao u borbi s Buckom; boreći se za svoj život.

Buck n'a eu aucune pitié une fois qu'il a choisi de se battre contre un autre chien.

Buck nije imao milosti kad se odlučio boriti protiv drugog psa.

Il avait bien appris la loi du gourdin et des crocs dans le Nord.

Dobro je naučio zakon toljage i očnjaka na Sjeveru.

Il n'a jamais abandonné un avantage et n'a jamais reculé devant la bataille.

Nikada nije ispustio prednost i nikada nije odustao od bitke.

Il avait étudié les Spitz et les chiens les plus féroces de la poste et de la police.

Proučavao je Špica i najžešće poštanske i policijske pse.

Il savait clairement qu'il n'y avait pas de juste milieu dans un combat sauvage.

Jasno je znao da u divljoj borbi nema srednjeg puta.

Il doit gouverner ou être gouverné ; faire preuve de miséricorde signifie faire preuve de faiblesse.

Morao je vladati ili biti vladan; pokazivanje milosrđa značilo je pokazivanje slabosti.

La miséricorde était inconnue dans le monde brut et brutal de la survie.

Milost je bila nepoznata u surovom i brutalnom svijetu preživljavanja.

Faire preuve de miséricorde était perçu comme de la peur, et la peur menait rapidement à la mort.

Pokazivanje milosrđa smatralo se strahom, a strah je brzo vodio do smrti.

L'ancienne loi était simple : tuer ou être tué, manger ou être mangé.

Stari zakon bio je jednostavan: ubij ili budi ubijen, pojedi ili budi pojeden.

Cette loi venait des profondeurs du temps, et Buck la suivait pleinement.

Taj zakon došao je iz dubine vremena, a Buck ga se u potpunosti pridržavao.

Buck était plus vieux que son âge et que le nombre de respirations qu'il prenait.

Buck je bio stariji od svojih godina i broja udaha koje je udahnuo.

Il a clairement relié le passé ancien au moment présent.

Jasno je povezao davnu prošlost sa sadašnjim trenutkom.

Les rythmes profonds des âges le traversaient comme les marées.

Duboki ritmovi stoljeća kretali su se kroz njega poput plime i oseke.

Le temps pulsait dans son sang aussi sûrement que les saisons faisaient bouger la terre.

Vrijeme je pulsiralo u njegovoj krvi jednako sigurno kao što su godišnja doba pomicala zemlju.

Il était assis près du feu de Thornton, la poitrine forte et les crocs blancs.

Sjedio je kraj Thorntonove vatre, snažnih prsa i bijelih očnjaka.

Sa longue fourrure ondulait, mais derrière lui, les esprits des chiens sauvages observaient.

Njegovo dugo krzno vijorilo se, ali iza njega su promatrali duhovi divljih pasa.

Des demi-loups et des loups à part entière s'agitaient dans son cœur et dans ses sens.

Polubukovi i pravi vukovi komešali su se u njegovom srcu i osjetilima.

Ils goûtèrent sa viande et burent la même eau que lui.

Kušali su njegovo meso i pili istu vodu kao i on.

Ils reniflaient le vent à ses côtés et écoutaient la forêt.

Njuškali su vjetar uz njega i osluškivali šumu.

Ils murmuraient la signification des sons sauvages dans l'obscurité.

Šaptali su značenja divljih zvukova u tami.

Ils façonnaient ses humeurs et guidaient chacune de ses réactions silencieuses.

Oblikovali su njegova raspoloženja i vodili svaku njegovu tihu reakciju.

Ils se sont couchés avec lui pendant son sommeil et sont devenus une partie de ses rêves profonds.

Ležali su s njim dok je spavao i postajali dio njegovih dubokih snova.

Ils rêvaient avec lui, au-delà de lui, et constituaient son esprit même.

Sanjali su s njim, izvan njega, i činili su sam njegov duh.

Les esprits de la nature appelèrent si fort que Buck se sentit attiré.

Duhovi divljine zvali su tako snažno da se Buck osjećao privučeno.

Chaque jour, l'humanité et ses revendications s'affaiblissaient dans le cœur de Buck.

Čovječanstvo i njegovi zahtjevi svakim su danom slabili u Buckovom srcu.

Au plus profond de la forêt, un appel étrange et palpitant allait s'élever.

Duboko u šumi, začuo se čudan i uzbudljiv zov.

Chaque fois qu'il entendait l'appel, Buck ressentait une envie à laquelle il ne pouvait résister.

Svaki put kad bi čuo poziv, Buck bi osjetio poriv kojem nije mogao odoljeti.

Il allait se détourner du feu et des sentiers battus des humains.

Namjeravao se okrenuti od vatre i s utabanih ljudskih staza.

Il allait s'enfoncer dans la forêt, avançant sans savoir pourquoi.

Namjeravao je zaroniti u šumu, krenuti naprijed ne znajući zašto.

Il ne remettait pas en question cette attraction, car l'appel était profond et puissant.

Nije dovodio u pitanje tu privlačnost, jer je poziv bio dubok i snažan.

Souvent, il atteignait l'ombre verte et la terre douce et intacte

Često je dopirao do zelene sjene i meke, netaknute zemlje

Mais ensuite, son amour profond pour John Thornton l'a ramené vers le feu.

Ali onda ga je snažna ljubav prema Johnu Thorntonu ponovno povukla k vatri.

Seul John Thornton tenait véritablement le cœur sauvage de Buck entre ses mains.

Samo je John Thornton istinski držao Buckovo divlje srce u svom stisku.

Le reste de l'humanité n'avait aucune valeur ni signification durable pour Buck.

Ostatak čovječanstva nije imao trajnu vrijednost ili značenje za Bucka.

Les étrangers pourraient le féliciter ou caresser sa fourrure avec des mains amicales.

Stranci bi ga mogli pohvaliti ili prijateljski pogladiti njegovo krzno.

Buck resta impassible et s'éloigna à cause de trop d'affection.

Buck je ostao nepokolebljiv i otišao je od prevelike naklonosti.

Hans et Pete sont arrivés avec le radeau qu'ils attendaient depuis longtemps

Hans i Pete su stigli sa splavom koji se dugo čekao

Buck les a ignorés jusqu'à ce qu'il apprenne qu'ils étaient proches de Thornton.

Buck ih je ignorirao sve dok nije saznao da su blizu Thorntona.

Après cela, il les a tolérés, mais ne leur a jamais montré toute sa chaleur.

Nakon toga ih je tolerirao, ali im nikada nije pokazao punu toplinu.

Il prenait de la nourriture ou des marques de gentillesse de leur part comme s'il leur rendait service.

Uzimao je hranu ili ljubaznost od njih kao da im čini uslugu.

Ils étaient comme Thornton : simples, honnêtes et clairs dans leurs pensées.

Bili su poput Thorntona - jednostavni, iskreni i jasnih misli.

Tous ensemble, ils se rendirent à la scierie de Dawson et au grand tourbillon

Svi zajedno su otputovali do Dawsonove pilane i velikog vrtloga

Au cours de leur voyage, ils ont appris à comprendre profondément la nature de Buck.

Na svom putovanju naučili su duboko razumjeti Buckovu prirodu.

Ils n'ont pas essayé de se rapprocher comme Skeet et Nig l'avaient fait.

Nisu se pokušavali zbližiti kao što su to učinili Skeet i Nig.

Mais l'amour de Buck pour John Thornton n'a fait que s'approfondir avec le temps.

Ali Buckova ljubav prema Johnu Thorntonu s vremenom se samo produbljivala.

Seul Thornton pouvait placer un sac sur le dos de Buck en été.

Samo je Thornton mogao ljeti staviti teret na Bucka.

Quoi que Thornton ordonne, Buck était prêt à l'exécuter pleinement.

Što god Thornton naredio, Buck je bio spreman u potpunosti izvršiti.

Un jour, après avoir quitté Dawson pour les sources du Tanana,

Jednog dana, nakon što su napustili Dawson i krenuli prema izvorima Tanane,

le groupe était assis sur une falaise qui descendait d'un mètre jusqu'au substrat rocheux nu.

Grupa je sjedila na litici koja se spuštala metar do gole stijene.

John Thornton était assis près du bord et Buck se reposait à côté de lui.
John Thornton sjedio je blizu ruba, a Buck se odmarao pokraj njega.

Thornton eut une pensée soudaine et attira l'attention des hommes.
Thorntonu je iznenada sinula misao i skrenuo je pozornost muškaraca.

Il désigna le gouffre et donna un seul ordre à Buck.
Pokazao je preko ponora i dao Bucku jednu naredbu.

« Saute, Buck ! » dit-il en balançant son bras au-dessus de la chute.
„Skoči, Buck!" rekao je, zamahujući rukom preko provalije.

En un instant, il dut attraper Buck, qui sautait pour obéir.
U trenutku je morao zgrabiti Bucka, koji je skočio da ga posluša.

Hans et Pete se sont précipités en avant et ont ramené les deux hommes en sécurité.
Hans i Pete su pojurili naprijed i povukli obojicu na sigurno.

Une fois que tout fut terminé et qu'ils eurent repris leur souffle, Pete prit la parole.
Nakon što je sve završilo i nakon što su došli do daha, Pete se oglasio.

« L'amour est étrange », dit-il, secoué par la dévotion féroce du chien.
„Ljubav je neobična", rekao je, potresen psećom žestokom odanošću.

Thornton secoua la tête et répondit avec un sérieux calme.
Thornton je odmahnuo glavom i odgovorio mirnom ozbiljnošću.

« Non, l'amour est splendide », dit-il, « mais aussi terrible. »
„Ne, ljubav je sjajna", rekao je, „ali i strašna."

« Parfois, je dois l'admettre, ce genre d'amour me fait peur. »
„Ponekad, moram priznati, ovakva me ljubav plaši."

Pete hocha la tête et dit : « Je détesterais être l'homme qui te touche. »

Pete je kimnuo i rekao: „Ne bih volio biti čovjek koji će te dodirnuti."

Il regarda Buck pendant qu'il parlait, sérieux et plein de respect.

Gledao je Bucka dok je govorio, ozbiljno i puno poštovanja.

« Py Jingo ! » s'empressa de dire Hans. « Moi non plus, non monsieur. »

„Py Jingo!" brzo reče Hans. „Ni ja, ne, gospodine."

Avant la fin de l'année, les craintes de Pete se sont réalisées à Circle City.

Prije kraja godine, Peteovi su se strahovi ostvarili u Circle Cityju.

Un homme cruel nommé Black Burton a provoqué une bagarre dans le bar.

Okrutni čovjek po imenu Black Burton započeo je tučnjavu u baru.

Il était en colère et malveillant, s'en prenant à un nouveau tendre.

Bio je ljut i zloban, napadao je novog pripravnika.

John Thornton est intervenu, calme et de bonne humeur comme toujours.

John Thornton je uskočio, miran i dobrodušan kao i uvijek.

Buck était allongé dans un coin, la tête baissée, observant Thornton de près.

Buck je ležao u kutu, pognute glave, pomno promatrajući Thorntona.

Burton frappa soudainement, son coup envoyant Thornton tourner.

Burton je iznenada udario, a njegov je udarac zavrtio Thorntona.

Seule la barre du bar l'a empêché de s'écraser violemment au sol.

Samo ga je ograda šanka spriječila da snažno padne na tlo.

Les observateurs ont entendu un son qui n'était ni un aboiement ni un cri.

Promatrači su čuli zvuk koji nije bio lavež ili cviljenje

un rugissement profond sortit de Buck alors qu'il se lançait vers l'homme.

Duboki urlik začuo se od Bucka dok se jurnuo prema čovjeku.

Burton a levé le bras et a sauvé sa vie de justesse.

Burton je podigao ruku i jedva spasio vlastiti život.

Buck l'a percuté, le faisant tomber à plat sur le sol.

Buck se zabio u njega i srušio ga na pod.

Buck mordit profondément le bras de l'homme, puis se jeta à la gorge.

Buck je duboko ugrizao čovjeku ruku, a zatim se bacio na grlo.

Burton n'a pu bloquer que partiellement et son cou a été déchiré.

Burton je mogao samo djelomično blokirati, a vrat mu je bio razderan.

Des hommes se sont précipités, les bâtons levés, et ont chassé Buck de l'homme ensanglanté.

Muškarci su uletjeli unutra s podignutim palicama i otjerali Bucka s krvavog čovjeka.

Un chirurgien est intervenu rapidement pour arrêter l'écoulement du sang.

Kirurg je brzo djelovao kako bi zaustavio krvarenje.

Buck marchait de long en large et grognait, essayant d'attaquer encore et encore.

Buck je koračao i režao, pokušavajući napasti iznova i iznova.

Seuls les coups de massue l'ont empêché d'atteindre Burton.

Samo su ga palice za zamahivanje spriječile da dođe do Burtona.

Une réunion de mineurs a été convoquée et tenue sur place.

Sastanak rudara je sazvan i održan odmah na licu mjesta.

Ils ont convenu que Buck avait été provoqué et ont voté pour le libérer.

Složili su se da je Buck bio isprovociran i glasali su za njegovo oslobađanje.

Mais le nom féroce de Buck résonnait désormais dans tous les camps d'Alaska.

Ali Buckovo žestoko ime sada je odjekivalo u svakom logoru na Aljasci.

Plus tard cet automne-là, Buck sauva à nouveau Thornton d'une nouvelle manière.

Kasnije te jeseni, Buck je ponovno spasio Thorntona na novi način.

Les trois hommes guidaient un long bateau sur des rapides impétueux.

Trojica muškaraca vodila su dugi čamac niz nemirne brzake.

Thornton dirigeait le bateau et donnait des indications pour se rendre sur le rivage.

Thornton je upravljao čamcem, dozivajući upute za dolazak do obale.

Hans et Pete couraient sur terre, tenant une corde d'arbre en arbre.

Hans i Pete trčali su po kopnu, držeći uže od drveta do drveta.

Buck suivait le rythme sur la rive, surveillant toujours son maître.

Buck je držao korak na obali, neprestano promatrajući svog gospodara.

À un endroit désagréable, des rochers surplombaient les eaux vives.

Na jednom gadnom mjestu, stijene su stršile ispod brze vode.

Hans lâcha la corde et Thornton dirigea le bateau vers le large.

Hans je pustio uže, a Thornton je široko upravljao čamcem.

Hans sprinta pour rattraper le bateau en passant devant les rochers dangereux.

Hans je sprintom stigao do čamca, prošavši kroz opasne stijene.

Le bateau a franchi le rebord mais a heurté une partie plus forte du courant.

Čamac je prešao preko ruba, ali je udario u jači dio struje.

Hans a attrapé la corde trop vite et a déséquilibré le bateau.

Hans je prebrzo zgrabio uže i izbacio čamac iz ravnoteže.

Le bateau s'est retourné et a heurté la berge, cul en l'air.

Brod se prevrnuo i udario u obalu, dnom prema gore.

Thornton a été jeté dehors et emporté dans la partie la plus sauvage de l'eau.

Thorntona je izbacilo i odnijelo u najdivljiji dio vode.

Aucun nageur n'aurait pu survivre dans ces eaux mortelles et tumultueuses.

Nijedan plivač ne bi mogao preživjeti u tim smrtonosnim, brzim vodama.

Buck sauta instantanément et poursuivit son maître sur la rivière.

Buck je odmah skočio i potjerao svog gospodara niz rijeku.

Après trois cents mètres, il atteignit enfin Thornton.

Nakon tristo metara, napokon je stigao do Thorntona.

Thornton attrapa la queue de Buck, et Buck se tourna vers le rivage.

Thornton je uhvatio Bucka za rep, a Buck se okrenuo prema obali.

Il nageait de toutes ses forces, luttant contre la force de l'eau.

Plivao je punom snagom, boreći se s divljim otporom vode.

Ils se déplaçaient en aval plus vite qu'ils ne pouvaient atteindre le rivage.

Kretali su se nizvodno brže nego što su mogli stići do obale.

Plus loin, la rivière rugissait plus fort alors qu'elle tombait dans des rapides mortels.

Ispred, rijeka je sve jače hučala dok se ulijevala u smrtonosne brzake.

Les rochers fendaient l'eau comme les dents d'un énorme peigne.

Stijene su sjekle vodu poput zubaca ogromnog češlja.

L'attraction de l'eau près de la chute était sauvage et inévitable.

Povlačenje vode blizu pada bilo je divlje i neizbježno.

Thornton savait qu'ils ne pourraient jamais atteindre le rivage à temps.

Thornton je znao da nikada neće moći stići na obalu na vrijeme.

Il a gratté un rocher, s'est écrasé sur un deuxième,

Grebao je po jednoj stijeni, udario o drugu,

Et puis il s'est écrasé contre un troisième rocher, l'attrapant à deux mains.

A onda se zabio u treću stijenu, uhvativši je objema rukama.

Il lâcha Buck et cria par-dessus le rugissement : « Vas-y, Buck ! Vas-y ! »

Pustio je Bucka i viknuo preko buke: „Naprijed, Buck! Naprijed!"

Buck n'a pas pu rester à flot et a été emporté par le courant.

Buck nije mogao ostati na površini i struja ga je odnijela.

Il s'est battu avec acharnement, s'efforçant de se retourner, mais n'a fait aucun progrès.

Borio se snažno, mučeći se da se okrene, ali nije nimalo napredovao.

Puis il entendit Thornton répéter l'ordre par-dessus le rugissement de la rivière.

Tada je čuo Thorntona kako ponavlja naredbu preko huka rijeke.

Buck sortit de l'eau et leva la tête comme pour un dernier regard.

Buck se propeo iz vode i podigao glavu kao da ga posljednji put pogleda.

puis il se retourna et obéit, nageant vers la rive avec résolution.

zatim se okrenuo i poslušao, odlučno plivajući prema obali.

Pete et Hans l'ont tiré à terre au dernier moment possible.

Pete i Hans su ga izvukli na obalu u posljednjem mogućem trenutku.

Ils savaient que Thornton ne pourrait s'accrocher au rocher que quelques minutes de plus.

Znali su da se Thornton može držati stijene još samo nekoliko minuta.

Ils coururent sur la berge jusqu'à un endroit bien au-dessus de l'endroit où il était suspendu.

Potrčali su uz obalu do mjesta daleko iznad mjesta gdje je visio.

Ils ont soigneusement attaché la ligne du bateau au cou et aux épaules de Buck.

Pažljivo su privezali brodski konop za Buckov vrat i ramena.

La corde était serrée mais suffisamment lâche pour permettre la respiration et le mouvement.

Uže je bilo čvrsto pričvršćeno, ali dovoljno labavo za disanje i kretanje.

Puis ils le jetèrent à nouveau dans la rivière tumultueuse et mortelle.

Zatim su ga ponovno bacili u brzu, smrtonosnu rijeku.

Buck nageait avec audace mais manquait son angle face à la force du courant.

Buck je hrabro plivao, ali je promašio svoj kut u snazi struje.

Il a vu trop tard qu'il allait dépasser Thornton.

Prekasno je shvatio da će proći pored Thorntona.

Hans tira fort sur la corde, comme si Buck était un bateau en train de chavirer.

Hans je čvrsto zategnuo uže, kao da je Buck prevrnuti brod.

Le courant l'a entraîné vers le fond et il a disparu sous la surface.

Struja ga je povukla pod vodu i on je nestao ispod površine.

Son corps a heurté la berge avant que Hans et Pete ne le sortent.

Tijelo mu je udarilo u banku prije nego što su ga Hans i Pete izvukli.

Il était à moitié noyé et ils l'ont chassé de l'eau.

Bio je napola utopljen, a oni su mu istiskivali vodu.

Buck se leva, tituba et s'effondra à nouveau sur le sol.

Buck je ustao, posrnuo i ponovno se srušio na tlo.

Puis ils entendirent la voix de Thornton faiblement portée par le vent.

Tada su čuli Thorntonov glas slabo nošen vjetrom.

Même si les mots n'étaient pas clairs, ils savaient qu'il était proche de la mort.

Iako riječi nisu bile jasne, znali su da je blizu smrti.

Le son de la voix de Thornton frappa Buck comme une décharge électrique.

Zvuk Thorntonovog glasa pogodio je Bucka poput električnog udara.

Il sauta et courut sur la berge, retournant au point de lancement.

Skočio je i potrčao uz obalu, vraćajući se do mjesta polaska.

Ils attachèrent à nouveau la corde à Buck, et il entra à nouveau dans le ruisseau.

Ponovno su privezali uže za Bucka i ponovno je ušao u potok.

Cette fois, il nagea directement et fermement dans l'eau tumultueuse.

Ovaj put je plivao direktno i čvrsto u brzu vodu.

Hans laissa sortir la corde régulièrement tandis que Pete l'empêchait de s'emmêler.

Hans je polako ispuštao uže dok ga je Pete sprječavao da se zapetlja.

Buck a nagé avec acharnement jusqu'à ce qu'il soit aligné juste au-dessus de Thornton.

Buck je snažno plivao sve dok se nije poravnao točno iznad Thorntona.

Puis il s'est retourné et a foncé comme un train à toute vitesse.

Zatim se okrenuo i pojurio dolje poput vlaka u punoj brzini.

Thornton le vit arriver, se redressa et entoura son cou de ses bras.

Thornton ga je ugledao kako dolazi, pripremio se i obgrlio ga oko vrata.

Hans a attaché la corde fermement autour d'un arbre alors qu'ils étaient tous les deux entraînés sous l'eau.

Hans je čvrsto svezao uže oko drveta dok su obojica bili povučeni pod zemlju.

Ils ont dégringolé sous l'eau, s'écrasant contre des rochers et des débris de la rivière.

Prevrtali su se pod vodom, udarajući u stijene i riječne krhotine.

Un instant, Buck était au sommet, l'instant d'après, Thornton se levait en haletant.

U jednom trenutku Buck je bio na vrhu, a u sljedećem Thornton se digao dahćući.

Battus et étouffés, ils se dirigèrent vers la rive et la sécurité.

Izudarani i gušeći se, skrenuli su prema obali i sigurnosti.

Thornton a repris connaissance, allongé sur un tronc d'arbre.

Thornton se osvijestio, ležeći preko nanesenog balvana.

Hans et Pete ont travaillé dur pour lui redonner souffle et vie.

Hans i Pete su naporno radili kako bi mu vratili dah i život.

Sa première pensée fut pour Buck, qui gisait immobile et mou.

Prva mu je pomisao bila na Bucka, koji je ležao nepomično i mlohavo.

Nig hurla sur le corps de Buck et Skeet lui lécha doucement le visage.

Nig je zavijao nad Buckovim tijelom, a Skeet mu je nježno polizao lice.

Thornton, endolori et meurtri, examina Buck avec des mains prudentes.

Thornton, bolan i u modricama, pažljivo je pregledao Bucka.

Il a trouvé trois côtes cassées, mais aucune blessure mortelle chez le chien.

Pronašao je tri slomljena rebra, ali nije bilo smrtonosnih rana kod psa.

« C'est réglé », dit Thornton. « On campe ici. » Et c'est ce qu'ils firent.

„To rješava stvar", rekao je Thornton. „Ovdje kampiramo." I kampirali su.

Ils sont restés jusqu'à ce que les côtes de Buck soient guéries et qu'il puisse à nouveau marcher.

Ostali su dok Bucku nisu zacijelila rebra i dok ponovno nije mogao hodati.

Cet hiver-là, Buck accomplit un exploit qui augmenta encore sa renommée.

Te zime, Buck je izveo podvig koji je dodatno povećao njegovu slavu.

C'était moins héroïque que de sauver Thornton, mais tout aussi impressionnant.

Bilo je manje herojsko od spašavanja Thorntona, ali jednako impresivno.

À Dawson, les partenaires avaient besoin de provisions pour un long voyage.

U Dawsonu su partnerima bile potrebne zalihe za daleko putovanje.

Ils voulaient voyager vers l'Est, dans des terres sauvages et intactes.

Željeli su putovati na Istok, u netaknute divlje krajeve.

L'acte de Buck dans l'Eldorado Saloon a rendu ce voyage possible.

Buckovo djelo u Eldorado Saloonu omogućilo je to putovanje.

Tout a commencé avec des hommes qui se vantaient de leurs chiens en buvant un verre.

Počelo je s muškarcima koji su se hvalili svojim psima uz piće.

La renommée de Buck a fait de lui la cible de défis et de doutes.

Buckova slava učinila ga je metom izazova i sumnji.

Thornton, fier et calme, resta ferme dans la défense du nom de Buck.

Thornton, ponosan i smiren, čvrsto je branio Buckovo ime.

Un homme a déclaré que son chien pouvait facilement tirer deux cents kilos.

Jedan je čovjek rekao da njegov pas može s lakoćom vući petsto kilograma.

Un autre a dit six cents, et un troisième s'est vanté d'en avoir sept cents.

Drugi je rekao šest stotina, a treći se hvalio sa sedam stotina.

« Pfft ! » dit John Thornton, « Buck peut tirer un traîneau de mille livres. »

„Pfft!" rekao je John Thornton, „Buck može vući saonice od tisuću funti."

Matthewson, un roi de Bonanza, s'est penché en avant et l'a défié.

Matthewson, kralj Bonanze, nagnuo se naprijed i izazvao ga.

« Tu penses qu'il peut mettre autant de poids en mouvement ? »

„Misliš da može pokrenuti toliku težinu?"

« Et tu penses qu'il peut tirer le poids sur une centaine de mètres ? »

"I misliš da može povući tu težinu punih stotinu metara?"

Thornton répondit froidement : « Oui. Buck est assez doué pour le faire. »

Thornton je hladno odgovorio: „Da. Buck je dovoljno jak da to učini."

« Il mettra mille livres en mouvement et le tirera sur une centaine de mètres. »

"Pokrenut će tisuću funti i povući ga stotinu metara."

Matthewson sourit lentement et s'assura que tous les hommes entendaient ses paroles.

Matthewson se polako nasmiješio i pobrinuo se da svi muškarci čuju njegove riječi.

« J'ai mille dollars qui disent qu'il ne peut pas. Le voilà. »

„Imam tisuću dolara u kojima piše da ne može. Eto ga."

Il a claqué un sac de poussière d'or de la taille d'une saucisse sur le bar.

Tresnuo je vrećicom zlatne prašine veličine kobasice o šank.

Personne ne dit un mot. Le silence devint pesant et tendu autour d'eux.

Nitko nije rekao ni riječi. Tišina je oko njih postajala sve teža i napetija.

Le bluff de Thornton – s'il en était un – avait été pris au sérieux.

Thorntonov blef - ako ga je uopće bilo - shvaćen je ozbiljno.

Il sentit la chaleur monter sur son visage tandis que le sang affluait sur ses joues.

Osjetio je vrućinu u licu dok mu je krv jurnula u obraze.

Sa langue avait pris le pas sur sa raison à ce moment-là.

U tom trenutku mu je jezik preduhitrio razum.

Il ne savait vraiment pas si Buck pouvait déplacer mille livres.

Zaista nije znao može li Buck pomaknuti tisuću funti.

Une demi-tonne ! Rien que sa taille lui pesait le cœur.

Pola tone! Sama veličina mu je stezala srce.

Il avait foi en la force de Buck et le pensait capable.

Vjerovao je u Buckovu snagu i smatrao ga je sposobnim.

Mais il n'avait jamais été confronté à ce genre de défi, pas comme celui-ci.

Ali nikada se nije suočio s ovakvim izazovom, ne ovakvim.

Une douzaine d'hommes l'observaient tranquillement, attendant de voir ce qu'il allait faire.

Dvanaest muškaraca ga je tiho promatralo, čekajući da vide što će učiniti.

Il n'avait pas d'argent, ni Hans ni Pete.

Nije imao novca - ni Hans ni Pete.

« J'ai un traîneau dehors », dit Matthewson froidement et directement.

„Imam sanjke vani", rekao je Matthewson hladno i izravno.

« Il est chargé de vingt sacs de cinquante livres chacun, tous de farine.

„Natovareno je s dvadeset vreća, svaka po pedeset funti, sve brašno."

« Alors ne laissez pas un traîneau manquant devenir votre excuse maintenant », a-t-il ajouté.

"Zato nemoj dopustiti da ti nestale sanjke sada budu izgovor", dodao je.

Thornton resta silencieux. Il ne savait pas quels mots lui dire.

Thornton je šutio. Nije znao koje riječi da ponudi.

Il regarda les visages autour de lui sans les voir clairement.

Promatrao je lica oko sebe, ali ih nije jasno vidio.

Il ressemblait à un homme figé dans ses pensées, essayant de redémarrer.

Izgledao je kao čovjek zamrznut u mislima, pokušavajući ponovno pokrenuti stvari.

Puis il a vu Jim O'Brien, un ami de l'époque Mastodon.

Tada je ugledao Jima O'Briena, prijatelja iz dana Mastodonta.

Ce visage familier lui a donné un courage qu'il ne savait pas avoir.

To poznato lice dalo mu je hrabrost za koju nije znao da je ima.

Il se tourna et demanda à voix basse : « Peux-tu me prêter mille ? »

Okrenuo se i tiho upitao: „Možete li mi posuditi tisuću?"

« Bien sûr », dit O'Brien, laissant déjà tomber un lourd sac près de l'or.

„Naravno", rekao je O'Brien, već ispuštajući tešku vreću pokraj zlata.

« Mais honnêtement, John, je ne crois pas que la bête puisse faire ça. »

„Ali iskreno, John, ne vjerujem da zvijer može to učiniti."

Tout le monde dans le Saloon Eldorado s'est précipité dehors pour voir l'événement.

Svi u Eldorado Saloonu pojurili su van kako bi vidjeli događaj.

Ils ont laissé les tables et les boissons, et même les jeux ont été interrompus.

Napustili su stolove i pića, a čak su i igre bile pauzirane.

Les croupiers et les joueurs sont venus assister à la fin de ce pari audacieux.

Dileri i kockari došli su svjedočiti kraju smjele oklade.

Des centaines de personnes se sont rassemblées autour du traîneau dans la rue glacée.

Stotine ljudi okupilo se oko saonica na zaleđenoj otvorenoj ulici.

Le traîneau de Matthewson était chargé d'une charge complète de sacs de farine.

Matthewsonove saonice stajale su pune vreća brašna.

Le traîneau était resté immobile pendant des heures à des températures négatives.

Sanke su satima stajale na minus temperaturama.

Les patins du traîneau étaient gelés et collés à la neige tassée.

Klizači saonica bili su čvrsto smrznuti na utabanom snijegu.

Les hommes ont offert une cote de deux contre un que Buck ne pourrait pas déplacer le traîneau.

Muškarci su ponudili kvotu dva prema jedan da Buck neće moći pomaknuti saonice.

Une dispute a éclaté sur ce que signifiait réellement « sortir ».

Izbila je rasprava o tome što "izbiti" zapravo znači.

O'Brien a déclaré que Thornton devrait desserrer la base gelée du traîneau.

O'Brien je rekao da Thornton treba olabaviti smrznutu podlogu saonica.

Buck pourrait alors « sortir » d'un départ solide et immobile.

Buck je tada mogao "izbiti" iz čvrstog, nepomičnog početka.

Matthewson a soutenu que le chien devait également libérer les coureurs.

Matthewson je tvrdio da pas mora osloboditi i trkače.

Les hommes qui avaient entendu le pari étaient d'accord avec le point de vue de Matthewson.

Muškarci koji su čuli okladu složili su se s Matthewsonovim mišljenjem.

Avec cette décision, les chances sont passées à trois contre un contre Buck.

S tom presudom, izgledi su skočili na tri prema jedan protiv Bucka.

Personne ne s'est manifesté pour prendre en compte les chances croissantes de trois contre un.

Nitko nije istupio kako bi iskoristio rastuće izglede tri prema jedan.

Pas un seul homme ne croyait que Buck pouvait accomplir un tel exploit.

Niti jedan čovjek nije vjerovao da Buck može izvesti taj veliki podvig.

Thornton s'était précipité dans le pari, lourd de doutes.

Thorntona su na brzinu uvukli u okladu, opterećenog sumnjama.

Il regarda alors le traîneau et l'attelage de dix chiens à côté.

Sada je pogledao saonice i zapregu od deset pasa pokraj njih.

En voyant la réalité de la tâche, elle semblait encore plus impossible.

Vidjeti stvarnost zadatka učinilo ga je još nemogućim.

Matthewson était plein de fierté et de confiance à ce moment-là.

Matthewson je u tom trenutku bio pun ponosa i samopouzdanja.

« Trois contre un ! » cria-t-il. « Je parie mille de plus, Thornton !

„Tri prema jedan!" viknuo je. „Kladim se na još tisuću, Thorntone!"

« Que dites-vous ? » ajouta-t-il, assez fort pour que tout le monde l'entende.

„Što kažeš?" dodao je dovoljno glasno da ga svi čuju.

Le visage de Thornton exprimait ses doutes, mais son esprit s'était élevé.

Thorntonovo lice odavalo je sumnje, ali mu se duh uzdigao.

Cet esprit combatif ignorait les probabilités et ne craignait rien du tout.

Taj borbeni duh ignorirao je izglede i nije se ničega bojao.

Il a appelé Hans et Pete pour apporter tout leur argent sur la table.

Nazvao je Hansa i Petea da donesu sav svoj novac na stol.

Il ne leur restait plus grand-chose : seulement deux cents dollars au total.

Malo im je ostalo - samo dvjesto dolara zajedno.

Cette petite somme représentait toute leur fortune pendant les temps difficiles.

Taj mali iznos bio je njihovo ukupno bogatstvo tijekom teških vremena.

Pourtant, ils ont misé toute leur fortune contre le pari de Matthewson.

Ipak, uložili su svo bogatstvo protiv Matthewsonove oklade.

L'attelage de dix chiens a été dételé et éloigné du traîneau.

Zaprega od deset pasa bila je otkačena i udaljila se od saonica.

Buck a été placé dans les rênes, portant son harnais familier.

Buck je stavljen na uzde, noseći svoju poznatu ormu.

Il avait capté l'énergie de la foule et ressenti la tension.

Osjetio je energiju gomile i napetost.

D'une manière ou d'une autre, il savait qu'il devait faire quelque chose pour John Thornton.

Nekako je znao da mora nešto učiniti za Johna Thorntona.

Les gens murmuraient avec admiration devant la fière silhouette du chien.

Ljudi su s divljenjem mrmljali na ponosnu pseću figuru.

Il était mince et fort, sans une seule once de chair supplémentaire.

Bio je mršav i snažan, bez ijednog dodatnog gramića mesa.

Son poids total de cent cinquante livres n'était que puissance et endurance.

Njegova puna težina od sto pedeset funti sastojala se od snage i izdržljivosti.

Le pelage de Buck brillait comme de la soie, épais de santé et de force.

Buckov kaput blistao je poput svile, gust od zdravlja i snage.

La fourrure le long de son cou et de ses épaules semblait se soulever et se hérisser.

Krzno uz njegov vrat i ramena kao da se podiglo i nakostriješilo.

Sa crinière bougeait légèrement, chaque cheveu vivant de sa grande énergie.

Griva mu se lagano pomicala, svaka vlas živjela je od njegove velike energije.

Sa large poitrine et ses jambes fortes correspondaient à sa silhouette lourde et robuste.

Njegova široka prsa i snažne noge odgovarale su njegovoj teškoj, žilavoj građi.

Des muscles ondulaient sous son manteau, tendus et fermes comme du fer lié.

Mišići su mu se mreškali pod kaputom, napeti i čvrsti poput okovanog željeza.

Les hommes le touchaient et juraient qu'il était bâti comme une machine en acier.

Muškarci su ga dodirivali i kleli se da je građen poput čeličnog stroja.

Les chances ont légèrement baissé à deux contre un contre le grand chien.

Izgledi su se neznatno smanjili na dva prema jedan protiv velikog psa.

Un homme des bancs de Skookum s'avança en bégayant.

Čovjek sa Skookumovih klupa progurao se naprijed, mucajući.

« Bien, monsieur ! J'offre huit cents pour lui – avant l'examen, monsieur ! »

„Dobro, gospodine! Nudim osamsto za njega - prije ispita, gospodine!"

« Huit cents, tel qu'il est en ce moment ! » insista l'homme.

„Osamsto, koliko sada stoji!" inzistirao je čovjek.

Thornton s'avança, sourit et secoua calmement la tête.

Thornton je istupio naprijed, nasmiješio se i mirno odmahnuo glavom.

Matthewson est rapidement intervenu avec une voix d'avertissement et un froncement de sourcils.

Matthewson se brzo umiješao upozoravajućim glasom i namrštio se.

« Éloignez-vous de lui », dit-il. « Laissez-lui de l'espace. »

„Moraš se odmaknuti od njega", rekao je. „Daj mu prostora."

La foule se tut ; seuls les joueurs continuaient à miser deux contre un.

Gomila je utihnula; samo su kockari još uvijek nudili dva prema jedan.

Tout le monde admirait la carrure de Buck, mais la charge semblait trop lourde.

Svi su se divili Buckovoj građi, ali teret je izgledao prevelik.

Vingt sacs de farine, pesant chacun cinquante livres, semblaient beaucoup trop.

Dvadeset vreća brašna - svaka teška pedeset funti - činilo se previše.

Personne n'était prêt à ouvrir sa bourse et à risquer son argent.

Nitko nije bio spreman otvoriti vrećicu i riskirati svoj novac.

Thornton s'agenouilla à côté de Buck et prit sa tête à deux mains.

Thornton je kleknuo pokraj Bucka i uhvatio mu glavu objema rukama.

Il pressa sa joue contre celle de Buck et lui parla à l'oreille.

Prislonio je obraz uz Buckov i progovorio mu na uho.

Il n'y avait plus de secousses enjouées ni d'insultes affectueuses murmurées.

Više nije bilo razigranog tresenja niti šaputanja ljubavnih uvreda.

Il murmura simplement doucement : « Autant que tu m'aimes, Buck. »

Samo je tiho promrmljao: „Koliko god me voliš, Buck."

Buck émit un gémissement silencieux, son impatience à peine contenue.

Buck je ispustio tihi jauk, jedva obuzdavajući nestrpljenje.

Les spectateurs observaient avec curiosité la tension qui emplissait l'air.

Promatrači su sa znatiželjom promatrali kako napetost ispunjava zrak.

Le moment semblait presque irréel, comme quelque chose qui dépassait la raison.

Trenutak se činio gotovo nestvarnim, kao nešto izvan razuma.

Lorsque Thornton se leva, Buck prit doucement sa main dans ses mâchoires.

Kad je Thornton ustao, Buck mu je nježno uhvatio ruku za čeljust.

Il appuya avec ses dents, puis relâcha lentement et doucement.

Pritisnuo je zubima, a zatim polako i nježno pustio.

C'était une réponse silencieuse d'amour, non prononcée, mais comprise. »

Bio je to tihi odgovor ljubavi, ne izgovoren, već shvaćen.

Thornton s'éloigna du chien et donna le signal.

Thornton se odmaknuo daleko od psa i dao znak.

« Maintenant, Buck », dit-il, et Buck répondit avec un calme concentré.

„Dakle, Buck", rekao je, a Buck je odgovorio usredotočenim mirom.

Buck a resserré les traces, puis les a desserrées de quelques centimètres.

Buck je zategnuo tračnice, a zatim ih olabavio za nekoliko centimetara.

C'était la méthode qu'il avait apprise ; sa façon de briser le traîneau.

To je bila metoda koju je naučio; njegov način da razbije saonice.

« Tiens ! » cria Thornton, sa voix aiguë dans le silence pesant.

„Bože!" viknuo je Thornton oštrim glasom u teškoj tišini.

Buck se tourna vers la droite et se jeta de tout son poids.

Buck se okrenuo udesno i skočio svom svojom težinom.

Le mou disparut et toute la masse de Buck heurta les lignes serrées.

Opuštenost je nestala, a Buckova puna masa udarila je u uske tračnice.

Le traîneau tremblait et les patins émettaient un bruit de crépitement.

Sanke su se tresle, a klizači su ispuštali oštar pucketavi zvuk.

« Haw ! » ordonna Thornton, changeant à nouveau la direction de Buck.

„Haw!" zapovjedi Thornton, ponovno mijenjajući Buckov smjer.

Buck répéta le mouvement, cette fois en tirant brusquement vers la gauche.

Buck je ponovio pokret, ovaj put oštro povukavši ulijevo.

Le traîneau craquait plus fort, les patins claquaient et se déplaçaient.

Sanke su pucketale glasnije, klizači su pucketali i pomicali se.

La lourde charge glissait légèrement latéralement sur la neige gelée.

Teški teret klizio je lagano postrance preko smrznutog snijega.

Le traîneau s'était libéré de l'emprise du sentier glacé !

Sanke su se oslobodile stiska zaleđene staze!

Les hommes retenaient leur souffle, ignorant qu'ils ne respiraient même pas.

Muškarci su zadržavali dah, nesvjesni da čak ni ne dišu.

« Maintenant, TIREZ ! » cria Thornton à travers le silence glacial.

„Sada, POVUCI!" viknuo je Thornton kroz ledenu tišinu.

L'ordre de Thornton résonna fort, comme le claquement d'un fouet.

Thorntonova naredba odjeknula je oštro, poput udarca bičem.

Buck se jeta en avant avec un mouvement violent et saccadé.

Buck se bacio naprijed žestokim i udarnim iskorakom.

Tout son corps se tendit et se contracta sous l'énorme tension.

Cijelo mu se tijelo napelo i zgrčilo od ogromnog napora.

Des muscles ondulaient sous sa fourrure comme des serpents prenant vie.

Mišići su mu se mreškali pod krznom poput zmija koje oživljavaju.

Sa large poitrine était basse, la tête tendue vers l'avant en direction du traîneau.

Njegova velika prsa bila su niska, glava ispružena prema saonicama.

Ses pattes bougeaient comme l'éclair, ses griffes tranchant le sol gelé.

Šape su mu se kretale poput munje, kandže su sijekle smrznuto tlo.

Des rainures ont été creusées profondément alors qu'il luttait pour chaque centimètre de traction.

Utori su bili duboki dok se borio za svaki centimetar prianjanja.

Le traîneau se balança, trembla et commença un mouvement lent et agité.

Sanke su se zaljuljale, zadrhtale i započele sporo, nemirno kretanje.

Un pied a glissé et un homme dans la foule a gémi à haute voix.

Jedna noga je poskliznula, a čovjek u gomili je glasno zastenjao.

Puis le traîneau s'élança en avant dans un mouvement saccadé et brusque.

Zatim su saonice krenule naprijed trzavim, grubim pokretom.

Cela ne s'est pas arrêté à nouveau - un demi-pouce... un pouce... deux pouces de plus.

Nije se opet zaustavilo - pola centimetra... centimetar... dva centimetra više.

Les secousses devinrent plus faibles à mesure que le traîneau commençait à prendre de la vitesse.

Trzaji su postajali sve manji kako su saonice počele ubrzavati.

Bientôt, Buck tirait avec une puissance douce et régulière.

Ubrzo je Buck vukao glatkom, ravnomjernom, kotrljajućom snagom.

Les hommes haletèrent et finirent par se rappeler de respirer à nouveau.

Muškarci su uzdahnuli i konačno se sjetili ponovno disati.

Ils n'avaient pas remarqué que leur souffle s'était arrêté de stupeur.

Nisu primijetili da im je od strahopoštovanja zastao dah.

Thornton courait derrière, lançant des ordres courts et joyeux.

Thornton je trčao iza, vičući kratke, vesele naredbe.

Devant nous se trouvait une pile de bois de chauffage qui marquait la distance.

Ispred je bila hrpa drva za ogrjev koja je označavala udaljenost.

Alors que Buck s'approchait du tas, les acclamations devenaient de plus en plus fortes.

Kako se Buck približavao hrpi, navijanje je postajalo sve glasnije i glasnije.

Les acclamations se sont transformées en rugissement lorsque Buck a dépassé le point d'arrivée.

Navijanje se pretvorilo u urlik dok je Buck prolazio krajnju točku.

Les hommes ont sauté et crié, même Matthewson a esquissé un sourire.

Muškarci su skakali i vikali, čak se i Matthewson nasmiješio.

Les chapeaux volaient dans les airs, les mitaines étaient lancées sans réfléchir ni viser.

Šeširi su letjeli u zrak, rukavice su bacane bez razmišljanja i cilja.

Les hommes se sont attrapés et se sont serré la main sans savoir à qui.

Muškarci su se uhvatili i rukovali ne znajući s kim.

Toute la foule bourdonnait d'une célébration folle et joyeuse.

Cijela je gomila brujala u divljem, radosnom slavlju.

Thornton tomba à genoux à côté de Buck, les mains tremblantes.

Thornton je drhtavim rukama pao na koljena pokraj Bucka.

Il pressa sa tête contre celle de Buck et le secoua doucement d'avant en arrière.

Pritisnuo je glavu uz Buckovu i nježno ga protresao naprijed-natrag.

Ceux qui s'approchaient l'entendaient maudire le chien avec un amour silencieux.

Oni koji su se približavali čuli su ga kako s tihom ljubavlju proklinje psa.

Il a insulté Buck pendant un long moment, doucement, chaleureusement, avec émotion.

Dugo je psovao Bucka - tiho, toplo, s emocijama.

« Bien, monsieur ! Bien, monsieur ! » s'écria précipitamment le roi du Banc Skookum.

„Dobro, gospodine! Dobro, gospodine!" povikao je kralj Skookumske klupe u žurbi.

« Je vous donne mille, non, douze cents, pour ce chien, monsieur ! »

„Dat ću vam tisuću — ne, tisuću i dvijesto — za tog psa, gospodine!"

Thornton se leva lentement, les yeux brillants d'émotion.

Thornton se polako ustao, a oči su mu sjale od emocija.

Les larmes coulaient ouvertement sur ses joues sans aucune honte.

Suze su mu otvoreno tekle niz obraze bez ikakvog srama.

« Monsieur », dit-il au roi du banc Skookum, ferme et posé.

„Gospodine", rekao je kralju klupe Skookum, mirno i čvrsto

« Non, monsieur. Allez au diable, monsieur. C'est ma réponse définitive. »

„Ne, gospodine. Možete ići dovraga, gospodine. To je moj konačni odgovor."

Buck attrapa doucement la main de Thornton dans ses mâchoires puissantes.

Buck je nježno uhvatio Thorntonovu ruku svojim snažnim čeljustima.

Thornton le secoua de manière enjouée, leur lien étant plus profond que jamais.

Thornton ga je razigrano protresao, njihova veza duboka kao i uvijek.

La foule, émue par l'instant, recula en silence.

Gomila, dirnuta trenutkom, povukla se u tišini.

Dès lors, personne n'osa interrompre cette affection si sacrée.

Od tada se nitko nije usudio prekinuti takvu svetu naklonost.

Le son de l'appel
Zvuk poziva

Buck avait gagné seize cents dollars en cinq minutes.
Buck je zaradio tisuću i šest stotina dolara u pet minuta.

Cet argent a permis à John Thornton de payer une partie de ses dettes.
Novac je omogućio Johnu Thorntonu da otplati dio svojih dugova.

Avec le reste de l'argent, il se dirigea vers l'Est avec ses partenaires.
S ostatkom novca krenuo je na Istok sa svojim partnerima.

Ils cherchaient une mine perdue légendaire, aussi vieille que le pays lui-même.
Tražili su legendarni izgubljeni rudnik, star kao i sama zemlja.

Beaucoup d'hommes avaient cherché la mine, mais peu l'avaient trouvée.
Mnogi su ljudi tražili rudnik, ali malo ih je ikada pronašlo.

Plus d'un homme avait disparu au cours de cette quête dangereuse.
Više od nekoliko muškaraca je nestalo tijekom opasne potrage.

Cette mine perdue était enveloppée à la fois de mystère et d'une vieille tragédie.
Ovaj izgubljeni rudnik bio je obavijen i misterijom i starom tragedijom.

Personne ne savait qui avait été le premier homme à découvrir la mine.
Nitko nije znao tko je bio prvi čovjek koji je pronašao rudnik.

Les histoires les plus anciennes ne mentionnent personne par son nom.
Najstarije priče ne spominju nikoga po imenu.

Il y avait toujours eu là une vieille cabane délabrée.
Ondje je oduvijek bila jedna stara, trošna koliba.

Des hommes mourants avaient juré qu'il y avait une mine à côté de cette vieille cabane.
Umirući ljudi su se kleli da se pored te stare kolibe nalazi rudnik.

Ils ont prouvé leurs histoires avec de l'or comme on n'en trouve nulle part ailleurs.

Svoje su priče dokazali zlatom kakvo se nigdje drugdje ne može naći.

Aucune âme vivante n'avait jamais pillé le trésor de cet endroit.

Nitko živ nikada nije opljačkao blago s tog mjesta.

Les morts étaient morts, et les morts ne racontent pas d'histoires.

Mrtvi su bili mrtvi, a mrtvi ljudi ne pričaju priče.

Thornton et ses amis se dirigèrent donc vers l'Est.

Tako su se Thornton i njegovi prijatelji uputili na Istok.

Pete et Hans se sont joints à eux, amenant Buck et six chiens forts.

Pete i Hans su se pridružili, dovodeći Bucka i šest snažnih pasa.

Ils se sont lancés sur un chemin inconnu là où d'autres avaient échoué.

Krenuli su nepoznatim putem gdje su drugi podbacili.

Ils ont parcouru soixante-dix milles en traîneau sur le fleuve Yukon gelé.

Sankali su se sedamdeset milja uz zaleđenu rijeku Yukon.

Ils tournèrent à gauche et suivirent le sentier jusqu'au Stewart.

Skrenuli su lijevo i slijedili stazu u Stewart.

Ils passèrent le Mayo et le McQuestion, poursuivant leur route.

Prošli su pokraj Mayoa i McQuestiona, nastavljajući dalje.

Le Stewart s'est rétréci en un ruisseau, traversant des pics déchiquetés.

Stewart se smanjio u potok, provlačeći se preko nazubljenih vrhova.

Ces pics acérés marquaient l'épine dorsale même du continent.

Ovi oštri vrhovi označavali su samu kralježnicu kontinenta.

John Thornton exigeait peu des hommes ou de la nature sauvage.

John Thornton je malo tražio od ljudi ili divljine.

Il ne craignait rien dans la nature et affrontait la nature sauvage avec aisance.

Nije se bojao ničega u prirodi i s lakoćom se suočavao s divljinom.

Avec seulement du sel et un fusil, il pouvait voyager où il le souhaitait.

Samo sa soli i puškom mogao je putovati kamo god je želio.

Comme les indigènes, il chassait de la nourriture pendant ses voyages.

Poput domorodaca, lovio je hranu dok je putovao.

S'il n'attrapait rien, il continuait, confiant en la chance qui l'attendait.

Ako ništa ne bi ulovio, nastavio bi dalje, uzdajući se u sreću.

Au cours de ce long voyage, la viande était la principale nourriture qu'ils mangeaient.

Na ovom dugom putovanju, meso je bila glavna hrana koju su jeli.

Le traîneau contenait des outils et des munitions, mais aucun horaire strict.

Sanke su sadržavale alat i streljivo, ali nije bilo strogog rasporeda.

Buck adorait cette errance, la chasse et la pêche sans fin.

Buck je volio ovo lutanje; beskrajni lov i ribolov.

Pendant des semaines, ils ont voyagé jour après jour.

Tjednima su putovali dan za danom.

D'autres fois, ils établissaient des camps et restaient immobiles pendant des semaines.

Drugi put su pravili logore i ostajali nepomično tjednima.

Les chiens se reposaient pendant que les hommes creusaient dans la terre gelée.

Psi su se odmarali dok su muškarci kopali po smrznutoj zemlji.

Ils chauffaient des poêles sur des feux et cherchaient de l'or caché.

Grijali su tave na vatri i tražili skriveno zlato.

Certains jours, ils souffraient de faim, et d'autres jours, ils faisaient des festins.

Nekih su dana gladovali, a nekih su dana imali gozbe.

Leurs repas dépendaient du gibier et de la chance de la chasse.

Njihovi obroci ovisili su o divljači i sreći u lovu.

Quand l'été arrivait, les hommes et les chiens chargeaient des charges sur leur dos.

Kad je došlo ljeto, muškarci i psi su natovarili terete na leđa.

Ils ont fait du rafting sur des lacs bleus cachés dans des forêts de montagne.

Splavarili su preko plavih jezera skrivenih u planinskim šumama.

Ils naviguaient sur des bateaux minces sur des rivières qu'aucun homme n'avait jamais cartographiées.

Plovili su uskim čamcima rijekama koje nitko nikada nije mapirao.

Ces bateaux ont été construits à partir d'arbres sciés dans la nature.

Ti su brodovi bili izgrađeni od drveća koje su pilili u divljini.

Les mois passèrent et ils sillonnèrent des terres sauvages et inconnues.

Mjeseci su prolazili, a oni su se vijugali kroz divlje nepoznate krajeve.

Il n'y avait pas d'hommes là-bas, mais de vieilles traces suggéraient qu'il y en avait eu.

Nije bilo muškaraca tamo, ali stari tragovi su nagovještavali da su muškarci bili tamo.

Si la Cabane Perdue était réelle, alors d'autres étaient déjà passés par là.

Ako je Izgubljena koliba bila stvarna, onda su i drugi nekoć prolazili ovuda.

Ils traversaient des cols élevés dans des blizzards, même pendant l'été.

Prelazili su visoke prijevoje u mećavama, čak i ljeti.

Ils frissonnaient sous le soleil de minuit sur les pentes nues des montagnes.
Drhtali su pod ponoćnim suncem na golim planinskim obroncima.
Entre la limite des arbres et les champs de neige, ils montaient lentement.
Između ruba drveća i snježnih polja, polako su se penjali.
Dans les vallées chaudes, ils écrasaient des nuages de moucherons et de mouches.
U toplim dolinama, udarali su po oblacima komaraca i muha.
Ils cueillaient des baies sucrées près des glaciers en pleine floraison estivale.
Brali su slatke bobice blizu ledenjaka u punom ljetnom cvatu.
Les fleurs qu'ils ont trouvées étaient aussi belles que celles du Southland.
Cvijeće koje su pronašli bilo je jednako lijepo kao ono u Južnoj zemlji.
Cet automne-là, ils atteignirent une région solitaire remplie de lacs silencieux.
Te jeseni stigli su u usamljenu regiju ispunjenu tihim jezerima.
La terre était triste et vide, autrefois pleine d'oiseaux et de bêtes.
Zemlja je bila tužna i pusta, nekada živjela pticama i zvijerima.
Il n'y avait plus de vie, seulement le vent et la glace qui se formait dans les flaques.
Sada nije bilo života, samo vjetar i led koji se stvarao u lokvama.
Les vagues s'écrasaient sur les rivages déserts avec un son doux et lugubre.
Valovi su udarali o prazne obale tihim, tužnim zvukom.

Un autre hiver arriva et ils suivirent à nouveau de vieux sentiers lointains.
Došla je još jedna zima i opet su slijedili slabe, stare tragove.
C'étaient les traces d'hommes qui les avaient cherchés bien avant eux.
To su bili tragovi ljudi koji su tražili davno prije njih.

Un jour, ils trouvèrent un chemin creusé profondément dans la forêt sombre.

Jednom su pronašli stazu usječenu duboko u mračnu šumu.

C'était un vieux sentier, et ils sentaient que la cabane perdue était proche.

Bila je to stara staza, i osjećali su da je izgubljena koliba blizu.

Mais le sentier ne menait nulle part et s'enfonçait dans les bois épais.

Ali staza nije vodila nikamo i gubila se u gustoj šumi.

Personne ne savait qui avait fait ce sentier et pourquoi.

Tko god je napravio stazu i zašto ju je napravio, nitko nije znao.

Plus tard, ils ont trouvé l'épave d'un lodge caché parmi les arbres.

Kasnije su pronašli ruševine kolibe skrivene među drvećem.

Des couvertures pourries gisaient éparpillées là où quelqu'un avait dormi.

Trule deke ležale su razbacane tamo gdje je netko nekoć spavao.

John Thornton a trouvé un fusil à silex à long canon enterré à l'intérieur.

John Thornton je unutra pronašao zakopanu kremenu pušku s dugom cijevi.

Il savait qu'il s'agissait d'un fusil de la Baie d'Hudson depuis les premiers jours de son commerce.

Znao je da je ovo top iz Hudsonovog zaljeva još iz ranih trgovačkih dana.

À cette époque, ces armes étaient échangées contre des piles de peaux de castor.

U to vrijeme takve su se puške mijenjale za hrpe dabrovih koža.

C'était tout : il ne restait aucune trace de l'homme qui avait construit le lodge.

To je bilo sve - nije ostao nikakav trag o čovjeku koji je sagradio kolibu.

Le printemps est revenu et ils n'ont trouvé aucun signe de la Cabane Perdue.

Proljeće je ponovno došlo, a nisu pronašli ni traga Izgubljenoj kolibi.

Au lieu de cela, ils trouvèrent une large vallée avec un ruisseau peu profond.

Umjesto toga pronašli su široku dolinu s plitkim potokom.

L'or recouvrait le fond des casseroles comme du beurre jaune et lisse.

Zlato je ležalo na dnu tave poput glatkog, žutog maslaca.

Ils s'arrêtèrent là et ne cherchèrent plus la cabane.

Zaustavili su se tamo i nisu dalje tražili kolibu.

Chaque jour, ils travaillaient et trouvaient des milliers de pièces d'or en poudre.

Svaki dan su radili i pronalazili tisuće u zlatnoj prašini.

Ils ont emballé l'or dans des sacs de peau d'élan, de cinquante livres chacun.

Zlato su pakirali u vreće od losove kože, svaku po pedeset funti.

Les sacs étaient empilés comme du bois de chauffage à l'extérieur de leur petite loge.

Vreće su bile naslagane poput drva za ogrjev ispred njihove male kolibe.

Ils travaillaient comme des géants et les jours passaient comme des rêves rapides.

Radili su kao divovi, a dani su prolazili poput brzih snova.

Ils ont amassé des trésors au fil des jours sans fin.

Gomilali su blago dok su beskrajni dani brzo prolazili.

Les chiens n'avaient pas grand-chose à faire, à part transporter de la viande de temps en temps.

Psi nisu imali puno posla osim što su s vremena na vrijeme nosili meso.

Thornton chassait et tuait le gibier, et Buck restait allongé près du feu.

Thornton je lovio i ubijao divljač, a Buck je ležao kraj vatre.

Il a passé de longues heures en silence, perdu dans ses pensées et ses souvenirs.

Provodio je duge sate u tišini, izgubljen u mislima i sjećanjima.

L'image de l'homme poilu revenait de plus en plus souvent à l'esprit de Buck.

Slika dlakavog čovjeka sve se češće pojavljivala u Buckovim mislima.

Maintenant que le travail se faisait rare, Buck rêvait en clignant des yeux devant le feu.

Sad kad je posla bilo malo, Buck je sanjario trepćući prema vatri.

Dans ces rêves, Buck errait avec l'homme dans un autre monde.

U tim snovima, Buck je lutao s čovjekom u drugom svijetu.

La peur semblait être le sentiment le plus fort dans ce monde lointain.

Strah se činio najjačim osjećajem u tom dalekom svijetu.

Buck vit l'homme poilu dormir avec la tête baissée.

Buck je vidio dlakavog čovjeka kako spava nisko pognute glave.

Ses mains étaient jointes et son sommeil était agité et interrompu.

Ruke su mu bile stisnute, a san nemiran i isprekidan.

Il se réveillait en sursaut et regardait avec crainte dans le noir.

Znao se naglo probuditi i prestrašeno zuriti u tamu.

Ensuite, il jetait plus de bois sur le feu pour garder la flamme vive.

Zatim bi bacao još drva na vatru kako bi plamen održao jakim.

Parfois, ils marchaient le long d'une plage au bord d'une mer grise et infinie.

Ponekad su šetali plažom uz sivo, beskrajno more.

L'homme poilu ramassait des coquillages et les mangeait en marchant.

Dlakavi čovjek je brao školjke i jeo ih dok je hodao.

Ses yeux cherchaient toujours des dangers cachés dans l'ombre.

Njegove su oči uvijek tražile skrivene opasnosti u sjenama.

Ses jambes étaient toujours prêtes à sprinter au premier signe de menace.

Njegove su noge uvijek bile spremne za sprint na prvi znak prijetnje.

Ils rampaient à travers la forêt, silencieux et méfiants, côte à côte.

Šuljali su se kroz šumu, tihi i oprezni, jedan pored drugog.

Buck le suivit sur ses talons, et tous deux restèrent vigilants.

Buck ga je slijedio za petama, a obojica su ostali na oprezu.

Leurs oreilles frémissaient et bougeaient, leurs nez reniflaient l'air.

Uši su im trzale i pomicale se, nosovi su im njuškali zrak.

L'homme pouvait entendre et sentir la forêt aussi intensément que Buck.

Čovjek je mogao čuti i namirisati šumu jednako oštro kao i Buck.

L'homme poilu se balançait à travers les arbres avec une vitesse soudaine.

Dlakavi čovjek se iznenadnom brzinom zaljuljao kroz drveće.

Il sautait de branche en branche, sans jamais lâcher prise.

Skakao je s grane na granu, nikada ne promašujući hvat.

Il se déplaçait aussi vite au-dessus du sol que sur celui-ci.

Kretao se jednako brzo iznad zemlje kao i po njoj.

Buck se souvenait des longues nuits passées sous les arbres, à veiller.

Buck se sjećao dugih noći pod drvećem, dok je stražario.

L'homme dormait perché dans les branches, s'accrochant fermement.

Čovjek je spavao sklupčan u granama, čvrsto se držeći.

Cette vision de l'homme poilu était étroitement liée à l'appel des profondeurs.

Ova vizija dlakavog čovjeka bila je usko povezana s dubokim zovom.

L'appel résonnait toujours à travers la forêt avec une force obsédante.

Poziv je i dalje odjekivao šumom proganjajućom snagom.

L'appel remplit Buck de désir et d'un sentiment de joie incessant.

Poziv je ispunio Bucka čežnjom i nemirnim osjećajem radosti.

Il ressentait d'étranges pulsions et des frémissements qu'il ne pouvait nommer.

Osjećao je čudne porive i nagone koje nije mogao imenovati.

Parfois, il suivait l'appel au plus profond des bois tranquilles.

Ponekad je slijedio poziv duboko u tihu šumu.

Il cherchait l'appel, aboyant doucement ou fort au fur et à mesure.

Tražio je zov, lajući tiho ili oštro dok je išao.

Il renifla la mousse et la terre noire où poussaient les herbes.

Ponjušio je mahovinu i crno tlo gdje su rasle trave.

Il renifla de plaisir aux riches odeurs de la terre profonde.

Frknuo je od užitka na bogate mirise duboke zemlje.

Il s'est accroupi pendant des heures derrière des troncs couverts de champignons.

Satima se skrivao iza debala prekrivenih gljivicama.

Il resta immobile, écoutant les yeux écarquillés chaque petit bruit.

Ostao je miran, širom otvorenih očiju osluškujući svaki, i najmanji zvuk.

Il espérait peut-être surprendre la chose qui avait lancé l'appel.

Možda se nadao da će iznenaditi ono što je pozvalo.

Il ne savait pas pourquoi il agissait de cette façon, il le faisait simplement.

Nije znao zašto se tako ponašao - jednostavno jest.

Les pulsions venaient du plus profond de moi, au-delà de la pensée ou de la raison.

Porivi su dolazili iz dubine, izvan misli ili razuma.

Des envies irrésistibles s'emparèrent de Buck sans avertissement ni raison.

Neodoljivi porivi obuzeli su Bucka bez upozorenja ili razloga.

Parfois, il somnolait paresseusement dans le camp sous la chaleur de midi.

Ponekad je lijeno drijemao u logoru pod podnevnom vrućinom.

Soudain, sa tête se releva et ses oreilles se dressèrent en alerte.

Odjednom je podigao glavu, a uši su mu se naćulile.

Puis il se leva d'un bond et se précipita dans la nature sans s'arrêter.

Zatim je skočio i bez zadržavanja jurnuo u divljinu.

Il a couru pendant des heures à travers les sentiers forestiers et les espaces ouverts.

Satima je trčao šumskim stazama i otvorenim prostorima.

Il aimait suivre les lits des ruisseaux asséchés et espionner les oiseaux dans les arbres.

Volio je pratiti suha korita potoka i promatrati ptice u drveću.

Il pouvait rester caché toute la journée, à regarder les perdrix se pavaner.

Mogao je cijeli dan ležati skriven, promatrajući jarebice kako se šepure uokolo.

Ils tambourinaient et marchaient, inconscients de la présence de Buck.

Bubnjali su i marširali, nesvjesni Buckove još uvijek prisutnosti.

Mais ce qu'il aimait le plus, c'était courir au crépuscule en été.

Ali ono što je najviše volio bilo je trčanje u sumrak ljeti.

La faible lumière et les bruits endormis de la forêt le remplissaient de joie.

Prigušeno svjetlo i pospani šumski zvukovi ispunjavali su ga radošću.

Il lisait les panneaux forestiers aussi clairement qu'un homme lit un livre.

Čitao je šumske znakove jasno kao što čovjek čita knjigu.

Et il cherchait toujours la chose étrange qui l'appelait.

I uvijek je tražio onu čudnu stvar koja ga je zvala.

Cet appel ne s'est jamais arrêté : il l'atteignait qu'il soit éveillé ou endormi.

Taj poziv nikada nije prestajao - dopirao ga je budnog ili spavajućeg.

Une nuit, il se réveilla en sursaut, les yeux perçants et les oreilles hautes.
Jedne noći se naglo probudio, oštrog pogleda i naćuljenih ušiju.
Ses narines se contractaient tandis que sa crinière se dressait en vagues.
Nozdrve su mu se trznule dok mu se griva nakostriješila u valovima.
Du plus profond de la forêt, le son résonna à nouveau, le vieil appel.
Iz dubine šume ponovno se začuo zvuk, stari zov.
Cette fois, le son résonnait clairement, un hurlement long, obsédant et familier.
Ovaj put zvuk je odjeknuo jasno, dug, proganjajući, poznati urlik.
C'était comme le cri d'un husky, mais d'un ton étrange et sauvage.
Bilo je to poput krika haskija, ali čudnog i divljeg tona.
Buck reconnut immédiatement le son – il avait entendu exactement le même son depuis longtemps.
Buck je odmah prepoznao zvuk - davno je čuo isti zvuk.
Il sauta à travers le camp et disparut rapidement dans les bois.
Skočio je kroz logor i brzo nestao u šumi.
Alors qu'il s'approchait du bruit, il ralentit et se déplaça avec précaution.
Kako se približavao zvuku, usporio je i kretao se oprezno.
Bientôt, il atteignit une clairière entre d'épais pins.
Ubrzo je stigao do čistine između gustih borova.
Là, debout sur ses pattes arrière, était assis un loup des bois grand et maigre.
Tamo, uspravno na stražnjim nogama, sjedio je visok, mršav šumski vuk.

Le nez du loup pointait vers le ciel, résonnant toujours de l'appel.

Vučji nos bio je usmjeren prema nebu, još uvijek odjekujući zovom.

Buck n'avait émis aucun son, mais le loup s'arrêta et écouta.

Buck nije ispustio ni glasa, ali vuk se ipak zaustavio i osluškivao.

Sentant quelque chose, le loup se tendit, scrutant l'obscurité.

Osjetivši nešto, vuk se ukočio, pretražujući tamu.

Buck apparut en rampant, le corps bas, les pieds immobiles sur le sol.

Buck se ušuljao u vidokrug, prignutog tijela, stopala mirno na tlu.

Sa queue était droite, son corps enroulé sous la tension.

Rep mu je bio ravan, tijelo čvrsto sklupčano od napetosti.

Il a montré à la fois une menace et une sorte d'amitié brutale.

Pokazivao je i prijetnju i neku vrstu grubog prijateljstva.

C'était le salut prudent partagé par les bêtes sauvages.

Bio je to oprezan pozdrav koji dijele divlje zvijeri.

Mais le loup se retourna et s'enfuit dès qu'il vit Buck.

Ali vuk se okrenuo i pobjegao čim je ugledao Bucka.

Buck se lança à sa poursuite, sautant sauvagement, désireux de le rattraper.

Buck je krenuo u potjeru, divlje skačući, željan da ga sustigne.

Il suivit le loup dans un ruisseau asséché bloqué par un embâcle.

Slijedio je vuka u suhi potok koji je blokirala drvena barijera.

Acculé, le loup se retourna et tint bon.

Stjeran u kut, vuk se okrenuo i ostao stajati na mjestu.

Le loup grognait et claquait comme un chien husky pris au piège dans un combat.

Vuk je zarežao i škljocao poput uhvaćenog haskija u borbi.

Les dents du loup claquaient rapidement, son corps se hérissant d'une fureur sauvage.

Vučji su zubi brzo škljocali, a tijelo mu je kovitlalo od divljeg bijesa.

Buck n'attaqua pas mais encercla le loup avec une gentillesse prudente.

Buck nije napao, već je s pažljivom prijateljstvom kružio oko vuka.

Il a essayé de bloquer sa fuite par des mouvements lents et inoffensifs.

Pokušao je spriječiti svoj bijeg sporim, bezopasnim pokretima.

Le loup était méfiant et effrayé : Buck le dépassait trois fois.

Vuk je bio oprezan i uplašen - Buck ga je tri puta nadmašio.

La tête du loup atteignait à peine l'épaule massive de Buck.

Vučja glava jedva je dosezala do Buckovog masivnog ramena.

À l'affût d'une brèche, le loup s'est enfui et la poursuite a repris.

Tražeći prazninu, vuk je pobjegao i potjera je ponovno započela.

Plusieurs fois, Buck l'a coincé et la danse s'est répétée.

Nekoliko puta ga je Buck stjerao u kut, a ples se ponovio.

Le loup était maigre et faible, sinon Buck n'aurait pas pu l'attraper.

Vuk je bio mršav i slab, inače ga Buck ne bi mogao uhvatiti.

Chaque fois que Buck s'approchait, le loup se retournait et lui faisait face avec peur.

Svaki put kad bi se Buck približio, vuk bi se okrenuo i u strahu se suočio s njim.

Puis, à la première occasion, il s'est précipité dans les bois une fois de plus.

Tada je, pri prvoj prilici, ponovno odjurio u šumu.

Mais Buck n'a pas abandonné et finalement le loup a fini par lui faire confiance.

Ali Buck nije odustao i vuk mu je konačno počeo vjerovati.

Il renifla le nez de Buck, et les deux devinrent joueurs et alertes.

Ponjušio je Buckov nos, i njih dvojica su postali razigrani i budni.

Ils jouaient comme des animaux sauvages, féroces mais timides dans leur joie.

Igrali su se poput divljih životinja, žestoki, a opet sramežljivi u svojoj radosti.

Au bout d'un moment, le loup s'éloigna au trot avec un calme déterminé.

Nakon nekog vremena, vuk je odšetao s mirnom odlučnošću.

Il a clairement montré à Buck qu'il voulait être suivi.

Jasno je pokazao Bucku da ga namjeravaju pratiti.

Ils couraient côte à côte dans l'obscurité du crépuscule.

Trčali su jedno pored drugog kroz sumrak.

Ils suivirent le lit du ruisseau jusqu'à la gorge rocheuse.

Slijedili su korito potoka uzbrdo u stjenoviti klanac.

Ils traversèrent une ligne de partage des eaux froide où le ruisseau avait pris sa source.

Prešli su hladnu granicu gdje je potok počeo.

Sur la pente la plus éloignée, ils trouvèrent une vaste forêt et de nombreux ruisseaux.

Na dalekoj padini pronašli su široku šumu i mnoge potoke.

À travers ce vaste territoire, ils ont couru pendant des heures sans s'arrêter.

Kroz ovu prostranu zemlju, trčali su satima bez zaustavljanja.

Le soleil se leva plus haut, l'air devint chaud, mais ils continuèrent à courir.

Sunce se podiglo više, zrak se zagrijao, ali oni su trčali dalje.

Buck était rempli de joie : il savait qu'il répondait à son appel.

Buck je bio ispunjen radošću - znao je da odgovara na svoj poziv.

Il courut à côté de son frère de la forêt, plus près de la source de l'appel.

Trčao je uz svog šumskog brata, bliže izvoru poziva.

De vieux sentiments sont revenus, puissants et difficiles à ignorer.

Stari osjećaji su se vratili, snažni i teško ih je bilo ignorirati.

C'étaient les vérités derrière les souvenirs de ses rêves.

To su bile istine iza sjećanja iz njegovih snova.

Il avait déjà fait tout cela auparavant, dans un monde lointain et obscur.

Sve je to već prije radio u dalekom i sjenovitom svijetu.

Il recommença alors, courant librement avec le ciel ouvert au-dessus.

Sad je to opet učinio, divljajući pod otvorenim nebom iznad sebe.

Ils s'arrêtèrent près d'un ruisseau pour boire l'eau froide qui coulait.

Zaustavili su se kod potoka kako bi se napili hladne tekuće vode.

Alors qu'il buvait, Buck se souvint soudain de John Thornton.

Dok je pio, Buck se odjednom sjetio Johna Thorntona.

Il s'assit en silence, déchiré par l'attrait de la loyauté et de l'appel.

Sjeo je u tišini, rastrgan privlačnošću odanosti i poziva.

Le loup continua à trotter, mais revint pour pousser Buck à avancer.

Vuk je nastavio kasati, ali se vratio da potakne Bucka naprijed.

Il renifla son nez et essaya de le cajoler avec des gestes doux.

Šmrknuo je nosom i pokušao ga nagovoriti nježnim gestama.

Mais Buck se retourna et reprit le chemin par lequel il était venu.

Ali Buck se okrenuo i krenuo natrag putem kojim je došao.

Le loup courut à côté de lui pendant un long moment, gémissant doucement.

Vuk je dugo trčao pokraj njega, tiho cvileći.

Puis il s'assit, leva le nez et poussa un long hurlement.

Zatim je sjeo, podigao nos i ispustio dugi zavijajući.

C'était un cri lugubre, qui s'adoucit à mesure que Buck s'éloignait.

Bio je to tužan krik, koji se omekšao dok se Buck udaljavao.

Buck écouta le son du cri s'estomper lentement dans le silence de la forêt.

Buck je slušao kako zvuk krika polako nestaje u šumskoj tišini.

John Thornton était en train de dîner lorsque Buck a fait irruption dans le camp.

John Thornton je večerao kad je Buck upao u logor.

Buck sauta sauvagement sur lui, le léchant, le mordant et le faisant culbuter.

Buck je divlje skočio na njega, ližući ga, grizući i prevrćući.

Il l'a renversé, s'est hissé dessus et l'a embrassé sur le visage.

Srušio ga je, popeo se na njega i poljubio ga u lice.

Thornton appelait cela avec affection « jouer le fou du commun ».

Thornton je to s ljubavlju nazvao "igranjem općeg budala".

Pendant tout ce temps, il maudissait doucement Buck et le secouait d'avant en arrière.

Cijelo vrijeme je nježno psovao Bucka i tresao ga naprijed-natrag.

Pendant deux jours et deux nuits entières, Buck n'a pas quitté le camp une seule fois.

Dva puna dana i noći Buck nijednom nije napustio logor.

Il est resté proche de Thornton et ne l'a jamais quitté des yeux.

Držao se blizu Thorntona i nikada ga nije ispuštao iz vida.

Il le suivait pendant qu'il travaillait et le regardait pendant qu'il mangeait.

Prati ga dok je radio i promatrao ga dok je jeo.

Il voyait Thornton dans ses couvertures la nuit et dehors chaque matin.

Pratio je Thorntona u njegovim pokrivačima noću i vani svako jutro.

Mais bientôt l'appel de la forêt revint, plus fort que jamais.

Ali ubrzo se šumski zov vratio, glasniji nego ikad prije.

Buck devint à nouveau agité, agité par les pensées du loup sauvage.

Buck je ponovno postao nemiran, potaknut mislima o divljem vuku.

Il se souvenait de la terre ouverte et de la course côte à côte.

Sjetio se otvorenog prostora i trčanja rame uz rame.

Il commença à errer à nouveau dans la forêt, seul et alerte.

Ponovno je počeo lutati šumom, sam i budan.

Mais le frère sauvage ne revint pas et le hurlement ne fut pas entendu.

Ali divlji brat se nije vratio, a zavijanje se nije čulo.

Buck a commencé à dormir dehors, restant absent pendant des jours.

Buck je počeo spavati vani, izostavljajući se danima.

Une fois, il traversa la haute ligne de partage des eaux où le ruisseau commençait.

Jednom je prešao visoki prijevoj gdje je potok počinjao.

Il entra dans le pays des bois sombres et des larges ruisseaux.

Ušao je u zemlju tamnih šuma i širokih tekućih potoka.

Pendant une semaine, il a erré, à la recherche de signes de son frère sauvage.

Tjedan dana je lutao, tražeći znakove divljeg brata.

Il tuait sa propre viande et voyageait à grands pas, sans relâche.

Klao je vlastito meso i putovao dugim, neumornim koracima.

Il pêchait le saumon dans une large rivière qui se jetait dans la mer.

Lovio je lososa u širokoj rijeci koja je dopirala do mora.

Là, il combattit et tua un ours noir rendu fou par les insectes.

Tamo se borio i ubio crnog medvjeda kojeg su izludile kukci.

L'ours était en train de pêcher et courait aveuglément à travers les arbres.

Medvjed je lovio ribu i naslijepo je trčao kroz drveće.

La bataille fut féroce, réveillant le profond esprit combatif de Buck.

Bitka je bila žestoka, probudivši Buckov duboki borbeni duh.

Deux jours plus tard, Buck est revenu et a trouvé des carcajous près de sa proie.

Dva dana kasnije, Buck se vratio i pronašao žderave kod svog plijena.

Une douzaine d'entre eux se disputaient la viande avec une fureur bruyante.

Njih dvanaest se bučno i bijesno svađalo oko mesa.

Buck chargea et les dispersa comme des feuilles dans le vent.

Buck je jurnuo i raspršio ih poput lišća na vjetru.

Deux loups restèrent derrière, silencieux, sans vie et immobiles pour toujours.

Dva vuka su ostala iza - tiha, beživotna i nepomična zauvijek.

La soif de sang était plus forte que jamais.

Žeđ za krvlju postala je jača nego ikad.

Buck était un chasseur, un tueur, se nourrissant de créatures vivantes.

Buck je bio lovac, ubojica, hranio se živim bićima.

Il a survécu seul, en s'appuyant sur sa force et ses sens aiguisés.

Preživio je sam, oslanjajući se na svoju snagu i oštra osjetila.

Il prospérait dans la nature, où seuls les plus résistants pouvaient vivre.

Napredovao je u divljini, gdje su mogli živjeti samo najjačiji.

De là, une grande fierté s'éleva et remplit tout l'être de Buck.

Iz toga se pojavio veliki ponos i ispunio cijelo Buckovo biće.

Sa fierté se reflétait dans chacun de ses pas, dans le mouvement de chacun de ses muscles.

Njegov ponos se očitovao u svakom koraku, u podrhtavanju svakog mišića.

Sa fierté était aussi claire qu'un discours, visible dans la façon dont il se comportait.

Njegov ponos bio je jasan kao riječ, što se vidjelo u načinu na koji se držao.

Même son épais pelage semblait plus majestueux et brillait davantage.

Čak je i njegov debeli kaput izgledao veličanstvenije i jače se sjajio.

Buck aurait pu être confondu avec un loup géant.

Bucka su mogli zamijeniti za divovskog šumskog vuka.

À l'exception du brun sur son museau et des taches au-dessus de ses yeux.

Osim smeđe boje na njušci i pjega iznad očiju.

Et la traînée de fourrure blanche qui courait au milieu de sa poitrine.

I bijeli prug krzna koji mu se protezao niz sredinu prsa.

Il était encore plus grand que le plus grand loup de cette race féroce.

Bio je čak i veći od najvećeg vuka te divlje pasmine.

Son père, un Saint-Bernard, lui a donné de la taille et une ossature lourde.

Njegov otac, bernardinac, dao mu je veličinu i krupnu građu.

Sa mère, une bergère, a façonné cette masse en forme de loup.

Njegova majka, pastirica, oblikovala je tu masu u vučji oblik.

Il avait le long museau d'un loup, bien que plus lourd et plus large.

Imao je dugu vučju njušku, iako težu i širu.

Sa tête était celle d'un loup, mais construite à une échelle massive et majestueuse.

Glava mu je bila vučja, ali građena na masivnim, veličanstvenim razmjerima.

La ruse de Buck était la ruse du loup et de la nature.

Buckova lukavost bila je lukavost vuka i divljine.

Son intelligence lui vient à la fois du berger allemand et du Saint-Bernard.

Njegova inteligencija dolazila je i od njemačkog ovčara i od bernardinca.

Tout cela, ajouté à une expérience difficile, faisait de lui une créature redoutable.

Sve to, uz teško iskustvo, učinilo ga je zastrašujućim stvorenjem.

Il était aussi redoutable que n'importe quelle bête qui parcourait les régions sauvages du nord.

Bio je jednako zastrašujući kao i svaka zvijer koja je lutala sjevernom divljinom.

Ne se nourrissant que de viande, Buck a atteint le sommet de sa force.

Živeći samo na mesu, Buck je dosegao puni vrhunac svoje snage.

Il débordait de puissance et de force masculine dans chaque fibre de son être.

Preplavio je moć i mušku snagu u svakom vlaknu svog tijela.

Lorsque Thornton lui caressait le dos, ses poils brillaient d'énergie.

Kad ga je Thornton pogladila po leđima, dlake su zaiskrile od energije.

Chaque cheveu crépitait, chargé du contact du magnétisme vivant.

Svaka je dlaka pucketala, nabijena dodirom živog magnetizma.

Son corps et son cerveau étaient réglés sur le ton le plus fin possible.

Njegovo tijelo i mozak bili su podešeni na najfiniju moguću frekvenciju.

Chaque nerf, chaque fibre et chaque muscle fonctionnaient en parfaite harmonie.

Svaki živac, vlakno i mišić radili su u savršenom skladu.

À tout son ou toute vue nécessitant une action, il répondait instantanément.

Na bilo koji zvuk ili prizor koji je zahtijevao djelovanje, reagirao je trenutačno.

Si un husky sautait pour attaquer, Buck pouvait sauter deux fois plus vite.

Ako bi haski skočio u napad, Buck bi mogao skočiti dvostruko brže.

Il a réagi plus vite que les autres ne pouvaient le voir ou l'entendre.

Reagirao je brže nego što su drugi mogli vidjeti ili čuti.

La perception, la décision et l'action se sont produites en un seul instant fluide.

Percepcija, odluka i djelovanje došli su u jednom fluidnom trenutku.

En vérité, ces actes étaient distincts, mais trop rapides pour être remarqués.

U istini, ta su djela bila odvojena, ali prebrza da bi se primijetila.

Les intervalles entre ces actes étaient si brefs qu'ils semblaient n'en faire qu'un.

Razmaci između tih činova bili su toliko kratki da su se činili kao jedno.

Ses muscles et son être étaient comme des ressorts étroitement enroulés.

Njegovi mišići i tijelo bili su poput čvrsto napetih opruga.

Son corps débordait de vie, sauvage et joyeux dans sa puissance.

Tijelo mu je preplavljeno životom, divlje i radosno u svojoj snazi.

Parfois, il avait l'impression que la force allait jaillir de lui entièrement.

Ponekad se osjećao kao da će sila potpuno izbiti iz njega.

« Il n'y a jamais eu un tel chien », a déclaré Thornton un jour tranquille.

„Nikad nije bilo takvog psa", rekao je Thornton jednog mirnog dana.

Les partenaires regardaient Buck sortir fièrement du camp.

Partneri su gledali kako Buck ponosno korača iz logora.

« Lorsqu'il a été créé, il a changé ce que pouvait être un chien », a déclaré Pete.

„Kad je stvoren, promijenio je ono što pas može biti", rekao je Pete.

« Par Jésus ! Je le pense moi-même », acquiesça rapidement Hans.

„Bože! I ja tako mislim", brzo se složio Hans.

Ils l'ont vu s'éloigner, mais pas le changement qui s'est produit après.

Vidjeli su ga kako odlazi, ali ne i promjenu koja je uslijedila nakon toga.

Dès qu'il est entré dans les bois, Buck s'est complètement transformé.

Čim je ušao u šumu, Buck se potpuno preobrazio.

Il ne marchait plus, mais se déplaçait comme un fantôme sauvage parmi les arbres.

Više nije marširao, već se kretao poput divljeg duha među drvećem.

Il devint silencieux, les pieds comme un chat, une lueur traversant les ombres.

Postao je tih, mačjih stopala, poput bljeska koji prolazi kroz sjene.

Il utilisait la couverture avec habileté, rampant sur le ventre comme un serpent.

Vješto se skrivao, puzeći na trbuhu poput zmije.

Et comme un serpent, il pouvait bondir en avant et frapper en silence.

I poput zmije, mogao je skočiti naprijed i udariti u tišini.

Il pourrait voler un lagopède directement dans son nid caché.

Mogao je ukrasti kokošku ravno iz njenog skrivenog gnijezda.

Il a tué des lapins endormis sans un seul bruit.

Ubijao je usnule zečeve bez ijednog glasa.

Il pouvait attraper des tamias en plein vol alors qu'ils fuyaient trop lentement.

Mogao je uhvatiti vjeverice u zraku dok su bježale presporo.

Même les poissons dans les bassins ne pouvaient échapper à ses attaques soudaines.

Čak ni ribe u bazenima nisu mogle izbjeći njegove iznenadne napade.

Même les castors astucieux qui réparaient les barrages n'étaient pas à l'abri de lui.

Čak ni pametni dabrovi koji su popravljali brane nisu bili sigurni od njega.

Il tuait pour se nourrir, pas pour le plaisir, mais il préférait tuer ses propres victimes.

Ubijao je za hranu, ne za zabavu - ali najviše je volio vlastite ubojstva.

Pourtant, un humour sournois traversait certaines de ses chasses silencieuses.

Ipak, lukavi humor provlačio se kroz neke od njegovih tihih lova.

Il s'est approché des écureuils, mais les a laissés s'échapper.

Prišuljao se blizu vjeverica, samo da bi ih pustio da pobjegnu.

Ils allaient fuir vers les arbres, bavardant dans une rage effrayée.

Htjeli su pobjeći u drveće, brbljajući od straha i bijesa.

À l'arrivée de l'automne, les orignaux ont commencé à apparaître en plus grand nombre.

Kako je došla jesen, losovi su se počeli pojavljivati u većem broju.

Ils se sont déplacés lentement vers les basses vallées pour affronter l'hiver.

Polako su se kretali u niske doline kako bi dočekali zimu.

Buck avait déjà abattu un jeune veau errant.

Buck je već oborio jedno mlado, zalutalo tele.

Mais il aspirait à affronter des proies plus grandes et plus dangereuses.

Ali žudio je suočiti se s većim, opasnijim plijenom.

Un jour, à la ligne de partage des eaux, à la tête du ruisseau, il trouva sa chance.

Jednog dana na razvodju, na izvoru potoka, pronašao je svoju priliku.

Un troupeau de vingt orignaux avait traversé des terres boisées.

Krdo od dvadeset losova prešlo je iz šumovitog područja.

Parmi eux se trouvait un puissant taureau, le chef du groupe.

Među njima je bio moćni bik; vođa skupine.

Le taureau mesurait plus de six pieds de haut et avait l'air féroce et sauvage.

Bik je bio visok preko šest stopa i izgledao je divlje i žestoko.

Il lança ses larges bois, quatorze pointes se ramifiant vers l'extérieur.

Zamahnuo je svojim širokim rogovima, od kojih se četrnaest vrhova granalo prema van.

Les extrémités de ces bois s'étendaient sur sept pieds de large.

Vrhovi tih rogova protezali su se dva metra u širinu.

Ses petits yeux brûlaient de rage lorsqu'il aperçut Buck à proximité.

Njegove male oči gorjele su od bijesa kad je ugledao Bucka u blizini.

Il poussa un rugissement furieux, tremblant de fureur et de douleur.

Ispustio je bijesan urlik, drhteći od bijesa i boli.

Une pointe de flèche sortait près de son flanc, empennée et pointue.

Vrh strijele stršio je blizu njegovog boka, pernat i oštar.

Cette blessure a contribué à expliquer son humeur sauvage et amère.

Ova rana pomogla je objasniti njegovo divlje, ogorčeno raspoloženje.

Buck, guidé par un ancien instinct de chasseur, a fait son mouvement.

Buck, vođen drevnim lovačkim instinktom, napravio je svoj potez.

Son objectif était de séparer le taureau du reste du troupeau.

Cilj mu je bio odvojiti bika od ostatka krda.

Ce n'était pas une tâche facile : il fallait de la rapidité et une ruse féroce.

To nije bio lak zadatak - zahtijevala je brzinu i žestoku lukavost.

Il aboyait et dansait près du taureau, juste hors de portée.

Lajao je i plesao blizu bika, taman izvan dometa.

L'élan s'est précipité avec d'énormes sabots et des bois mortels.

Los se nasrnuo s ogromnim kopitima i smrtonosnim rogovima.

Un seul coup aurait pu mettre fin à la vie de Buck en un clin d'œil.

Jedan udarac mogao je Bucku oduzeti život u trenutku.

Incapable de laisser la menace derrière lui, le taureau devint fou.

Ne mogavši ostaviti prijetnju iza sebe, bik je poludio.

Il chargea avec fureur, mais Buck s'échappa toujours.

Bijesno je jurnuo, ali Buck se uvijek izvukao.

Buck simula une faiblesse, l'attirant plus loin du troupeau.

Buck je glumio slabost, mameći ga dalje od krda.

Mais les jeunes taureaux allaient charger pour protéger le leader.

Ali mladi bikovi su se namjeravali vratiti u napad kako bi zaštitili vođu.

Ils ont forcé Buck à battre en retraite et le taureau à rejoindre le groupe.

Prisilili su Bucka na povlačenje, a bika da se ponovno pridruži skupini.

Il y a une patience dans la nature, profonde et imparable.

U divljini postoji strpljenje, duboko i nezaustavljivo.

Une araignée attend immobile dans sa toile pendant d'innombrables heures.

Pauk nepomično čeka u svojoj mreži bezbroj sati.

Un serpent s'enroule sans tressaillement et attend que son heure soit venue.

Zmija se svija bez trzanja i čeka da dođe vrijeme.

Une panthère se tient en embuscade, jusqu'à ce que le moment arrive.

Pantera vreba u zasjedi dok ne dođe pravi trenutak.

C'est la patience des prédateurs qui chassent pour survivre.

To je strpljenje grabežljivaca koji love kako bi preživjeli.

Cette même patience brûlait à l'intérieur de Buck alors qu'il restait proche.

Isto to strpljenje gorjelo je u Bucku dok je ostao blizu.

Il resta près du troupeau, ralentissant sa marche et suscitant la peur.

Ostao je blizu krda, usporavajući njegov marš i izazivajući strah.

Il taquinait les jeunes taureaux et harcelait les vaches mères.

Zadirkivao je mlade bikove i maltretirao majke krave.

Il a plongé le taureau blessé dans une rage encore plus profonde et impuissante.

Ranjenog je bika doveo do još dubljeg, bespomoćnog bijesa.

Pendant une demi-journée, le combat s'est prolongé sans aucun répit.

Pola dana se borba odužila bez ikakvog odmora.

Buck attaquait sous tous les angles, rapide et féroce comme le vent.

Buck je napadao iz svih kutova, brz i žestok poput vjetra.

Il a empêché le taureau de se reposer ou de se cacher avec son troupeau.

Sprječavao je bika da se odmori ili sakrije sa svojim krdom.

Le cerf a épuisé la volonté de l'élan plus vite que son corps.

Buck je brže iscrpljivao losovu volju nego njegovo tijelo.

La journée passa et le soleil se coucha bas dans le ciel du nord-ouest.

Dan je prošao i sunce je nisko zašlo na sjeverozapadnom nebu.

Les jeunes taureaux revinrent plus lentement pour aider leur chef.

Mladi bikovi su se sporije vraćali kako bi pomogli svom vođi.

Les nuits d'automne étaient revenues et l'obscurité durait désormais six heures.

Jesenske noći su se vratile, a mrak je sada trajao šest sati.

L'hiver les poussait vers des vallées plus sûres et plus chaudes.

Zima ih je pritiskala nizbrdo u sigurnije, toplije doline.

Mais ils ne pouvaient toujours pas échapper au chasseur qui les retenait.

Ali ipak nisu mogli pobjeći od lovca koji ih je zadržavao.

Une seule vie était en jeu : pas celle du troupeau, mais celle de leur chef.

Samo je jedan život bio u pitanju - ne život krda, već samo život njihovog vođe.

Cela rendait la menace lointaine et non leur préoccupation urgente.

To je prijetnju učinilo udaljenom i ne njihovom hitnom brigom.

Au fil du temps, ils ont accepté ce prix et ont laissé Buck prendre le vieux taureau.

S vremenom su prihvatili tu cijenu i pustili Bucka da uzme starog bika.

Alors que le crépuscule s'installait, le vieux taureau se tenait debout, la tête baissée.

Dok se spuštao sumrak, stari bik je stajao oborene glave.

Il regarda le troupeau qu'il avait conduit disparaître dans la lumière déclinante.

Gledao je kako krdo koje je predvodio nestaje u sve slabijem svjetlu.

Il y avait des vaches qu'il avait connues, des veaux qu'il avait autrefois engendrés.

Bilo je krava koje je poznavao, teladi čiji je nekoć bio otac.

Il y avait des taureaux plus jeunes qu'il avait combattus et dominés au cours des saisons précédentes.

Bilo je mlađih bikova s kojima se borio i vladao u prošlim sezonama.

Il ne pouvait pas les suivre, car Buck était à nouveau accroupi devant lui.

Nije ih mogao slijediti - jer je pred njim opet čučao Buck.

La terreur impitoyable aux crocs bloquait tous les chemins qu'il pouvait emprunter.

Nemilosrdni očnjaci blokirali su mu svaki put kojim bi krenuo.

Le taureau pesait plus de trois cents livres de puissance dense.

Bik je težio više od tri stotine kilograma guste snage.

Il avait vécu longtemps et s'était battu avec acharnement dans un monde de luttes.

Dugo je živio i teško se borio u svijetu punom borbi.

Mais maintenant, à la fin, la mort venait d'une bête bien en dessous de lui.

Pa ipak, sada, na kraju, smrt je došla od zvijeri daleko ispod njega.

La tête de Buck n'atteignait même pas les énormes genoux noueux du taureau.

Buckova glava nije se ni podigla do bikovih ogromnih zglobljenih koljena.

À partir de ce moment, Buck resta avec le taureau nuit et jour.

Od tog trenutka nadalje, Buck je ostao s bikom danju i noću.

Il ne lui a jamais laissé de repos, ne lui a jamais permis de brouter ou de boire.

Nikad mu nije dao odmora, nikada mu nije dopustio da pase ili pije.

Le taureau a essayé de manger de jeunes pousses de bouleau et des feuilles de saule.

Bik je pokušao jesti mlade izdanke breze i lišće vrbe.

Mais Buck le repoussa, toujours alerte et toujours attaquant.

Ali Buck ga je otjerao, uvijek na oprezu i uvijek napadajući.

Même dans les ruisseaux qui ruisselaient, Buck bloquait toute tentative assoiffée.

Čak i kod mračnih potoka, Buck je blokirao svaki žedni pokušaj.

Parfois, par désespoir, le taureau s'enfuyait à toute vitesse.

Ponekad bik, u očaju, bježao punom brzinom.

Buck le laissa courir, galopant calmement juste derrière, jamais très loin.

Buck ga je pustio da trči, mirno trčeći odmah iza njega, nikad daleko.

Lorsque l'élan s'arrêta, Buck s'allongea, mais resta prêt.

Kad se los zaustavio, Buck je legao, ali je ostao spreman.

Si le taureau essayait de manger ou de boire, Buck frappait avec une fureur totale.

Ako bik pokušao jesti ili piti, Buck bi udario punom bijesom.

La grosse tête du taureau s'affaissait sous ses vastes bois.

Bikova velika glava klonula je još niže pod njegovim ogromnim rogovima.

Son rythme ralentit, le trot devint lourd, une marche trébuchante.

Njegov se tempo usporio, kas je postao težak; spoticajući se hod.

Il restait souvent immobile, les oreilles tombantes et le nez au sol.

Često je stajao mirno s obješenim ušima i nosom prislonjenim na tlo.

Pendant ces moments-là, Buck prenait le temps de boire et de se reposer.

Tijekom tih trenutaka, Buck je odvojio vrijeme za piće i odmor.

La langue tirée, les yeux fixés, Buck sentait que la terre était en train de changer.

S isplaženim jezikom, uprtim pogledom, Buck je osjetio da se krajolik mijenja.

Il sentit quelque chose de nouveau se déplacer dans la forêt et dans le ciel.

Osjetio je nešto novo kako se kreće kroz šumu i nebo.

Avec le retour des orignaux, d'autres créatures sauvages ont fait de même.

Kako su se losovi vraćali, tako su se vraćala i druga divlja stvorenja.

La terre semblait vivante, avec une présence invisible mais fortement connue.

Zemlja se činila živom od prisutnosti, nevidljivom, ali snažno poznatom.

Ce n'était ni par l'ouïe, ni par la vue, ni par l'odorat que Buck le savait.

Buck to nije znao ni po zvuku, ni po vidu, ni po mirisu.

Un sentiment plus profond lui disait que de nouvelles forces étaient en mouvement.

Dublji osjećaj govorio mu je da se kreću nove snage.

Une vie étrange s'agitait dans les bois et le long des ruisseaux.

Čudan život se kovitlao kroz šume i uz potoke.

Il a décidé d'explorer cet esprit, une fois la chasse terminée.

Odlučio je istražiti ovog duha nakon što lov bude završen.

Le quatrième jour, Buck a finalement abattu l'élan.

Četvrtog dana, Buck je napokon oborio losa.

Il est resté près de la proie pendant une journée et une nuit entières, se nourrissant et se reposant.

Ostao je kraj plijena cijeli dan i noć, hraneći se i odmarajući.

Il mangea, puis dormit, puis mangea à nouveau, jusqu'à ce qu'il soit fort et rassasié.

Jeo je, pa spavao, pa opet jeo, dok nije bio snažan i sit.

Lorsqu'il fut prêt, il retourna vers le camp et Thornton.

Kad je bio spreman, okrenuo se natrag prema logoru i Thorntonu.

D'un pas régulier, il commença le long voyage de retour vers la maison.

Ujednačenim tempom započeo je dugo putovanje natrag kući.

Il courait d'un pas infatigable, heure après heure, sans jamais s'égarer.

Trčao je svojim neumornim trkom, sat za satom, nijednom ne skrećući s puta.

À travers des terres inconnues, il se déplaçait droit comme l'aiguille d'une boussole.

Kroz nepoznate krajeve kretao se ravno poput igle kompasa.

Son sens de l'orientation faisait paraître l'homme et la carte faibles en comparaison.

Njegov osjećaj za orijentaciju činio je čovjeka i kartu slabima u usporedbi.

Tandis que Buck courait, il sentait plus fortement l'agitation dans la terre sauvage.

Dok je Buck trčao, sve je jače osjećao komešanje u divljini.

C'était un nouveau genre de vie, différent de celui des mois calmes de l'été.

Bio je to novi život, za razliku od onog tijekom mirnih ljetnih mjeseci.

Ce sentiment n'était plus un message subtil ou distant.

Taj osjećaj više nije dolazio kao suptilna ili daleka poruka.

Maintenant, les oiseaux parlaient de cette vie et les écureuils en bavardaient.

Sada su ptice pričale o tom životu, a vjeverice su brbljale o njemu.

Même la brise murmurait des avertissements à travers les arbres silencieux.

Čak je i povjetarac šaputao upozorenja kroz tiho drveće.

Il s'arrêta à plusieurs reprises et respira l'air frais du matin.

Nekoliko puta je stao i udahnuo svježi jutarnji zrak.

Il y lut un message qui le fit bondir plus vite en avant.

Tamo je pročitao poruku koja ga je natjerala da brže skoči naprijed.

Un lourd sentiment de danger l'envahit, comme si quelque chose s'était mal passé.

Ispunio ga je težak osjećaj opasnosti, kao da je nešto pošlo po zlu.

Il craignait qu'une catastrophe ne se produise – ou ne soit déjà arrivée.

Bojao se da dolazi nesreća - ili je već došla.

Il franchit la dernière crête et entra dans la vallée en contrebas.

Prešao je posljednji greben i ušao u dolinu ispod.

Il se déplaçait plus lentement, alerte et prudent à chaque pas.

Kretao se sporije, budan i oprezan sa svakim korakom.

À trois milles de là, il trouva une piste fraîche qui le fit se raidir.

Tri milje dalje pronašao je svjež trag koji ga je ukočio.

Les cheveux le long de son cou ondulaient et se hérissaient d'alarme.

Kosa uz njegov vrat nakostriješila se i zakotrljala od uzbune.

Le sentier menait directement au camp où Thornton attendait.

Staza je vodila ravno prema logoru gdje je čekao Thornton.

Buck se déplaçait désormais plus rapidement, sa foulée à la fois silencieuse et rapide.

Buck se sada kretao brže, njegov korak je bio i tih i brz.

Ses nerfs se sont resserrés lorsqu'il a lu des signes que d'autres allaient manquer.

Živci su mu se stegli dok je čitao znakove koje će drugi propustiti.

Chaque détail du sentier racontait une histoire, sauf le dernier morceau.

Svaki detalj na stazi pričao je priču - osim posljednjeg dijela.

Son nez lui parlait de la vie qui s'était déroulée ici.

Nos mu je pričao o životu koji je ovuda prošao.

L'odeur lui donnait une image changeante alors qu'il le suivait de près.

Miris mu je davao promjenjivu sliku dok je slijedio u stopu.

Mais la forêt elle-même était devenue silencieuse, anormalement immobile.

Ali sama šuma je utihnula; neprirodno mirna.

Les oiseaux avaient disparu, les écureuils étaient cachés, silencieux et immobiles.

Ptice su nestale, vjeverice su bile skrivene, tihe i mirne.

Il n'a vu qu'un seul écureuil gris, allongé sur un arbre mort.

Vidio je samo jednu sivu vjevericu, spljoštenu na mrtvom drvetu.

L'écureuil se fondait dans la masse, raide et immobile comme une partie de la forêt.

Vjeverica se stopila s okolinom, ukočena i nepomična poput dijela šume.

Buck se déplaçait comme une ombre, silencieux et sûr à travers les arbres.

Buck se kretao poput sjene, tiho i sigurno kroz drveće.

Son nez se souleva sur le côté comme s'il était tiré par une main invisible.

Nos mu se trznuo u stranu kao da ga je povukla nevidljiva ruka.

Il se retourna et suivit la nouvelle odeur jusqu'au plus profond d'un fourré.

Okrenuo se i slijedio novi miris duboko u šikaru.

Là, il trouva Nig, étendu mort, transpercé par une flèche.

Tamo je pronašao Niga, kako leži mrtav, proboden strijelom.

La flèche traversa son corps, laissant encore apparaître ses plumes.

Strijela je prošla kroz njegovo tijelo, perje se još vidjelo.

Nig s'était traîné jusqu'ici, mais il était mort avant d'avoir pu obtenir de l'aide.

Nig se dovukao tamo, ali je umro prije nego što je stigao do pomoći.

Une centaine de mètres plus loin, Buck trouva un autre chien de traîneau.

Stotinjak metara dalje, Buck je pronašao još jednog psa za vuču saonica.

C'était un chien que Thornton avait racheté à Dawson City.

Bio je to pas kojeg je Thornton kupio još u Dawson Cityju.

Le chien était en proie à une lutte à mort, se débattant violemment sur le sentier.

Pas se borio na smrt, snažno se bacajući po stazi.

Buck le contourna sans s'arrêter, les yeux fixés devant lui.

Buck ga je prošao, ne zaustavljajući se, s pogledom uprtim ispred sebe.

Du côté du camp venait un chant lointain et rythmé.

Iz smjera logora dopiralo je udaljeno, ritmično pjevanje.

Les voix s'élevaient et retombaient sur un ton étrange, inquiétant et chantant.

Glasovi su se dizali i spuštali u čudnom, jezivom, pjevušavom tonu.

Buck rampa jusqu'au bord de la clairière en silence.

Buck je u tišini puzao naprijed do ruba čistine.

Là, il vit Hans étendu face contre terre, percé de nombreuses flèches.

Tamo je ugledac Hansa kako leži licem prema dolje, proboden mnogim strijelama.

Son corps ressemblait à celui d'un porc-épic, hérissé de plumes.

Tijelo mu je izgledalo poput dikobraza, prekriveno pernatim strijelama.

Au même moment, Buck regarda vers le pavillon en ruine.

U istom trenutku, Buck je pogledao prema srušenoj kolibi.

Cette vue lui fit dresser les cheveux sur la nuque et les épaules.

Od tog prizora kosa mu se nakostriješila na vratu i ramenima.

Une tempête de rage sauvage parcourut tout le corps de Buck.

Oluja divljeg bijesa prostrujala je cijelim Buckovim tijelom.

Il grogna à haute voix, même s'il ne savait pas qu'il l'avait fait.

Glasno je zarežao, iako nije znao da je to učinio.

Le son était brut, rempli d'une fureur terrifiante et sauvage.

Zvuk je bio sirov, ispunjen zastrašujućim, divljim bijesom.

Pour la dernière fois de sa vie, Buck a perdu la raison au profit de l'émotion.

Posljednji put u životu, Buck je izgubio razum za emocije.

C'est l'amour pour John Thornton qui a brisé son contrôle minutieux.

Ljubav prema Johnu Thorntonu slomila je njegovu pažljivu samokontrolu.

Les Yeehats dansaient autour de la hutte en épicéa détruite.

Yeehatsi su plesali oko srušene smrekove kolibe.

Puis un rugissement retentit et une bête inconnue chargea vers eux.

Zatim se začula rika - i nepoznata zvijer jurnula je prema njima.

C'était Buck ; une fureur en mouvement ; une tempête vivante de vengeance.

Bio je to Buck; bijes u pokretu; živa oluja osvete.

Il se jeta au milieu d'eux, fou du besoin de tuer.

Bacio se među njih, lud od potrebe da ubije.

Il sauta sur le premier homme, le chef Yeehat, et frappa juste.

Skočio je na prvog čovjeka, poglavicu Yeehata, i pogodio je u pravu točku.

Sa gorge fut déchirée et du sang jaillit à flots.

Grlo mu je bilo rasporeno, a krv je šikljala u mlazu.

Buck ne s'arrêta pas, mais déchira la gorge de l'homme suivant d'un seul bond.

Buck se nije zaustavio, već je jednim skokom prerezao grkljan sljedećem čovjeku.

Il était inarrêtable : il déchirait, taillait, ne s'arrêtait jamais pour se reposer.

Bio je nezaustavljiv - kidao je, sjekao, nikad se nije zaustavljao da se odmori.

Il s'élança et bondit si vite que leurs flèches ne purent l'atteindre.

Skočio je i trzao tako brzo da ga njihove strijele nisu mogle dotaknuti.

Les Yeehats étaient pris dans leur propre panique et confusion.

Yeehati su bili uhvaćeni u vlastitoj panici i zbunjenosti.

Leurs flèches manquèrent Buck et se frappèrent l'une l'autre à la place.

Njihove su strijele promašile Bucka i umjesto toga pogodile jedna drugu.

Un jeune homme a lancé une lance sur Buck et a touché un autre homme.

Jedan mladić bacio je koplje na Bucka i pogodio drugog čovjeka.

La lance lui transperça la poitrine, la pointe lui transperçant le dos.

Koplje mu je probilo prsa, a vrh mu je probio leđa.

La terreur s'empara des Yeehats et ils se mirent en retraite.

Teror je obuzeo Yeehatse i oni su se počeli potpuno povlačiti.

Ils crièrent à l'Esprit Maléfique et s'enfuirent dans les ombres de la forêt.

Vrištali su od Zlog Duha i pobjegli u šumske sjene.

Vraiment, Buck était comme un démon alors qu'il poursuivait les Yeehats.

Uistinu, Buck je bio poput demona dok je progonio Yeehatse.

Il les poursuivit à travers la forêt, les faisant tomber comme des cerfs.

Jurnuo je za njima kroz šumu, obarajući ih poput jelena.

Ce fut un jour de destin et de terreur pour les Yeehats effrayés.

To je postao dan sudbine i terora za prestrašene Yeehate.

Ils se dispersèrent à travers le pays, fuyant au loin dans toutes les directions.

Razbježali su se po zemlji, bježeći daleko u svim smjerovima.

Une semaine entière s'est écoulée avant que les derniers survivants ne se retrouvent dans une vallée.

Prošao je cijeli tjedan prije nego što su se posljednji preživjeli sreli u dolini.

Ce n'est qu'alors qu'ils ont compté leurs pertes et parlé de ce qui s'était passé.

Tek tada su prebrojali svoje gubitke i govorili o tome što se dogodilo.

Buck, après s'être lassé de la chasse, retourna au camp en ruine.

Buck se, nakon što se umorio od potjere, vratio u razoreni logor.

Il a trouvé Pete, toujours dans ses couvertures, tué lors de la première attaque.

Pronašao je Petea, još uvijek u pokrivačima, ubijenog u prvom napadu.

Les signes du dernier combat de Thornton étaient marqués dans la terre à proximité.

Znakovi Thorntonove posljednje borbe bili su vidljivi u obližnjoj zemlji.

Buck a suivi chaque trace, reniflant chaque marque jusqu'à un point final.

Buck je pratio svaki trag, njuškajući svaki znak do konačne točke.

Au bord d'un bassin profond, il trouva le fidèle Skeet, allongé immobile.

Na rubu dubokog bazena pronašao je vjernog Skeeta kako mirno leži.

La tête et les pattes avant de Skeet étaient dans l'eau, immobiles dans la mort.

Skeetova glava i prednje šape bile su u vodi, nepomične u smrti.

La piscine était boueuse et contaminée par les eaux de ruissellement provenant des écluses.

Bazen je bio blatnjav i zaprljan otpadnim vodama iz odvodnih kutija.

Sa surface nuageuse cachait ce qui se trouvait en dessous, mais Buck connaissait la vérité.

Njegova oblačna površina skrivala je ono što se krije ispod, ali Buck je znao istinu.

Il a suivi l'odeur de Thornton dans la piscine, mais l'odeur ne menait nulle part ailleurs.

Pratio je Thorntonov miris u bazen - ali miris ga nije vodio nikamo drugdje.

Aucune odeur ne menait à l'extérieur, seulement le silence des eaux profondes.

Nije se širio nikakav miris - samo tišina duboke vode.

Toute la journée, Buck resta près de la piscine, arpentant le camp avec chagrin.

Cijeli dan Buck je ostao blizu bazena, tužno koračajući po logoru.

Il errait sans cesse ou restait assis, immobile, perdu dans ses pensées.

Nemirno je lutao ili sjedio u tišini, izgubljen u teškim mislima.

Il connaissait la mort, la fin de la vie, la disparition de tout mouvement.

Poznavao je smrt; kraj života; nestanak svakog kretanja.

Il comprit que John Thornton était parti et ne reviendrait jamais.

Shvatio je da je John Thornton otišao i da se nikada neće vratiti.

La perte a laissé en lui un vide qui palpitait comme la faim.

Gubitak je u njemu ostavio prazninu koja je pulsirala poput gladi.

Mais c'était une faim que la nourriture ne pouvait apaiser, peu importe la quantité qu'il mangeait.

Ali to je bila glad koju hrana nije mogla utažiti, bez obzira koliko je jeo.

Parfois, alors qu'il regardait les Yeehats morts, la douleur s'estompait.

Ponekad, dok je gledao mrtve Yeehate, bol bi izblijedjela.

Et puis une étrange fierté monta en lui, féroce et complète.

A onda se u njemu pojavio čudan ponos, žestok i potpun.

Il avait tué l'homme, le gibier le plus élevé et le plus dangereux de tous.

Ubio je čovjeka, što je bila najviša i najopasnija divljač od svih.

Il avait tué au mépris de l'ancienne loi du gourdin et des crocs.

Ubio je prkoseći drevnom zakonu toljage i očnjaka.

Buck renifla leurs corps sans vie, curieux et pensif.

Buck je znatiželjno i zamišljeno njušio njihova beživotna tijela.

Ils étaient morts si facilement, bien plus facilement qu'un husky dans un combat.

Umrli su tako lako - puno lakše nego haski u borbi.

Sans leurs armes, ils n'avaient aucune véritable force ni menace.

Bez oružja, nisu imali istinsku snagu ni prijetnju.

Buck n'aurait plus jamais peur d'eux, à moins qu'ils ne soient armés.

Buck ih se više nikada neće bojati, osim ako ne budu naoružani.

Ce n'est que lorsqu'ils portaient des gourdins, des lances ou des flèches qu'il se méfiait.

Samo kad bi nosili toljage, koplja ili strijele, bio bi oprezan.

La nuit tomba et une pleine lune se leva au-dessus de la cime des arbres.

Pala je noć, a pun mjesec se uzdigao visoko iznad vrhova drveća.

La pâle lumière de la lune baignait la terre d'une douce lueur fantomatique, comme le jour.

Blijeda mjesečeva svjetlost obasjavala je zemlju blagim, sablasnim sjajem poput dana.

Alors que la nuit s'approfondissait, Buck pleurait toujours au bord de la piscine silencieuse.

Dok je noć postajala sve dublja, Buck je i dalje tugovao uz tihi bazen.

Puis il prit conscience d'un autre mouvement dans la forêt.

Tada je postao svjestan drugačijeg komešanja u šumi.

L'agitation ne venait pas des Yeehats, mais de quelque chose de plus ancien et de plus profond.

Uzbuđenje nije dolazilo od Yeehatsa, već od nečeg starijeg i dubljeg.

Il se leva, les oreilles dressées, le nez testant la brise avec précaution.

Ustao je, podigao uši, pažljivo provjeravajući povjetarac nosom.

De loin, un cri faible et aigu perça le silence.

Iz daljine se začuo slab, oštar krik koji je probio tišinu.

Puis un chœur de cris similaires suivit de près le premier.

Zatim se odmah iza prvog začuo zbor sličnih krikova.

Le bruit se rapprochait, devenant plus fort à chaque instant qui passait.

Zvuk se približavao, postajao je sve glasniji sa svakim trenutkom.

Buck connaissait ce cri : il venait de cet autre monde dans sa mémoire.

Buck je poznavao ovaj krik - dolazio je iz onog drugog svijeta u njegovom sjećanju.

Il se dirigea vers le centre de l'espace ouvert et écouta attentivement.

Hodao je do središta otvorenog prostora i pažljivo slušao.

L'appel retentit, multiple et plus puissant que jamais.

Poziv se začuo, mnogoglasan i snažniji nego ikad.

Et maintenant, plus que jamais, Buck était prêt à répondre à son appel.

I sada, više nego ikad prije, Buck je bio spreman odazvati se svom pozivu.

John Thornton était mort et il ne lui restait plus aucun lien avec l'homme.

John Thornton je bio mrtav i u njemu nije ostala nikakva veza s čovjekom.

L'homme et toutes ses prétentions avaient disparu : il était enfin libre.

Čovjek i svi ljudski zahtjevi su nestali - napokon je bio slobodan.

La meute de loups chassait de la viande comme les Yeehats l'avaient fait autrefois.

Čopor vukova je jurio meso kao što su to nekad činili Yeehatsi.

Ils avaient suivi les orignaux depuis les terres boisées.

Pratili su losove iz šumovitih krajeva.

Maintenant, sauvages et affamés de proies, ils traversèrent sa vallée.

Sada, divlji i gladni plijena, prešli su u njegovu dolinu.

Ils arrivèrent dans la clairière éclairée par la lune, coulant comme de l'eau argentée.

Ušli su na mjesečinom obasjanu čistinu, tekući poput srebrne vode.

Buck se tenait immobile au centre, les attendant.

Buck je stajao nepomično u sredini i čekao ih.

Sa présence calme et imposante a stupéfié la meute et l'a plongée dans un bref silence.

Njegova mirna, velika prisutnost zapanjila je čopor u kratku tišinu.

Alors le loup le plus audacieux sauta droit sur lui sans hésitation.

Tada je najhrabriji vuk bez oklijevanja skočio ravno na njega.

Buck frappa vite et brisa le cou du loup d'un seul coup.

Buck je brzo udario i slomio vuku vrat jednim udarcem.

Il resta immobile à nouveau tandis que le loup mourant se tordait derrière lui.

Ponovno je nepomično stajao dok se umirući vuk izvijao iza njega.

Trois autres loups ont attaqué rapidement, l'un après l'autre.

Još tri vuka su brzo napala, jedan za drugim.

Chacun d'eux s'est retiré en sang, la gorge ou les épaules tranchées.

Svaki se povlačio krvareći, s prerezanim grlima ili ramenima.

Cela a suffi à déclencher une charge sauvage de toute la meute.

To je bilo dovoljno da cijeli čopor pokrene na divlji juriš.

Ils se précipitèrent ensemble, trop impatients et trop nombreux pour bien frapper.

Jurnuli su zajedno, previše nestrpljivi i nagurani da bi dobro udarili.

La vitesse et l'habileté de Buck lui ont permis de rester en tête de l'attaque.

Buckova brzina i vještina omogućili su mu da ostane ispred napada.

Il tournait sur ses pattes arrière, claquant et frappant dans toutes les directions.

Vrtio se na stražnjim nogama, škljocajući i udarajući u svim smjerovima.

Pour les loups, cela donnait l'impression que sa défense ne s'était jamais ouverte ou n'avait jamais faibli.

Vukovima se činilo kao da se njegova obrana nikada nije otvorila niti posustala.

Il s'est retourné et a frappé si vite qu'ils ne pouvaient pas passer derrière lui.

Okrenuo se i zamahnuo tako brzo da mu nisu mogli doći iza leđa.

Néanmoins, leur nombre l'obligea à céder du terrain et à reculer.

Unatoč tome, njihov broj ga je prisilio da odustane i povuče se.

Il passa devant la piscine et descendit dans le lit rocheux du ruisseau.

Prošao je pored bazena i spustio se u kamenito korito potoka.

Là, il se heurta à un talus abrupt de gravier et de terre.

Tamo je naišao na strmu obalu od šljunka i zemlje.

Il s'est retrouvé coincé dans un coin coupé lors des fouilles des mineurs.

Ušao je u kutni zasječen tijekom starog kopanja rudara.

Désormais protégé sur trois côtés, Buck ne faisait face qu'au loup de devant.

Sada, zaštićen s tri strane, Buck se suočavao samo s prednjim vukom.

Là, il se tenait à distance, prêt pour la prochaine vague d'assaut.

Tamo je stajao u zaljevu, spreman za sljedeći val napada.

Buck a tenu bon si farouchement que les loups ont reculé.

Buck je tako žestoko držao svoj položaj da su se vukovi povukli.

Au bout d'une demi-heure, ils étaient épuisés et visiblement vaincus.

Nakon pola sata bili su iscrpljeni i vidno poraženi.

Leurs langues pendaient, leurs crocs blancs brillaient au clair de lune.

Jezici su im visjeli, a bijeli očnjaci su im sjali na mjesečini.

Certains loups se sont couchés, la tête levée, les oreilles dressées vers Buck.

Neki vukovi su legli, podignutih glava, naćuljenih ušiju prema Bucku.

D'autres restaient immobiles, vigilants et observant chacun de ses mouvements.

Drugi su stajali mirno, budni i pratili svaki njegov pokret.

Quelques-uns se sont dirigés vers la piscine et ont bu de l'eau froide.

Nekoliko ih je otišlo do bazena i pilo hladnu vodu.

Puis un loup gris, long et maigre, s'avança doucement.

Zatim se jedan dugi, mršavi sivi vuk nježno prišuljao naprijed.

Buck le reconnut : c'était le frère sauvage de tout à l'heure.

Buck ga je prepoznao - bio je to onaj divlji brat od prije.

Le loup gris gémit doucement, et Buck répondit par un gémissement.

Sivi vuk je tiho cvilio, a Buck je odgovorio cvilenjem.

Ils se touchèrent le nez, tranquillement et sans menace ni peur.

Dodirnuli su se nosovima, tiho i bez prijetnje ili straha.

Ensuite est arrivé un loup plus âgé, maigre et marqué par de nombreuses batailles.

Zatim je došao stariji vuk, mršav i izbrazdane ožiljcima od mnogih bitaka.

Buck commença à grogner, mais s'arrêta et renifla le nez du vieux loup.

Buck je počeo režati, ali je zastao i ponjušio nos starog vuka.

Le vieux s'assit, leva le nez et hurla à la lune.

Starac je sjeo, podigao nos i zavijao na mjesec.

Le reste de la meute s'assit et se joignit au long hurlement.

Ostatak čopora sjeo je i pridružio se dugom zavijanju.

Et maintenant, l'appel est venu à Buck, indubitable et fort.

I sada je Bucku stigao poziv, nepogrešiv i snažan.

Il s'assit, leva la tête et hurla avec les autres.

Sjeo je, podigao glavu i zavijao s ostalima.

Lorsque les hurlements ont cessé, Buck est sorti de son abri rocheux.

Kad je zavijanje prestalo, Buck je izašao iz svog kamenitog skloništa.

La meute se referma autour de lui, reniflant à la fois gentiment et avec prudence.

Čopor se okružio oko njega, njuškajući istovremeno ljubazno i oprezno.

Les chefs ont alors poussé un cri et se sont précipités dans la forêt.

Tada su vođe kriknule i odjurile u šumu.

Les autres loups suivirent, hurlant en chœur, sauvages et rapides dans la nuit.

Ostali vukovi su ih slijedili, lajući u zboru, divlje i brzo u noći.

Buck courait avec eux, à côté de son frère sauvage, hurlant en courant.

Buck je trčao s njima, uz svog divljeg brata, zavijajući dok je trčao.

Ici, l'histoire de Buck fait bien de se terminer.

Ovdje priča o Bucku dobro dolazi do svog kraja.

Dans les années qui suivirent, les Yeehats remarquèrent d'étranges loups.

U godinama koje su uslijedile, Yeehati su primijetili čudne vukove.

Certains avaient du brun sur la tête et le museau, du blanc sur la poitrine.

Neki su imali smeđu boju na glavi i njušci, bijelu na prsima.

Mais plus encore, ils craignaient une silhouette fantomatique parmi les loups.

Ali još više su se bojali sablasne figure među vukovima.

Ils parlaient à voix basse du Chien Fantôme, chef de la meute.

Šapatom su govorili o Psu Duhu, vođi čopora.

Ce chien fantôme était plus rusé que le plus audacieux des chasseurs Yeehat.

Ovaj Pas Duh bio je lukaviji od najsmjelijeg lovca Yeehata.

Le chien fantôme a volé dans les camps en plein hiver et a déchiré leurs pièges.

Pas duh krao je iz logora usred duboke zime i rastrgao im zamke.

Le chien fantôme a tué leurs chiens et a échappé à leurs flèches sans laisser de trace.

Pas duh ubio je njihove pse i izbjegao njihove strijele bez traga.

Même leurs guerriers les plus courageux craignaient d'affronter cet esprit sauvage.

Čak su se i njihovi najhrabriji ratnici bojali suočiti s ovim divljim duhom.

Non, l'histoire devient encore plus sombre à mesure que les années passent dans la nature.

Ne, priča postaje još mračnija, kako godine prolaze u divljini.

Certains chasseurs disparaissent et ne reviennent jamais dans leurs camps éloignés.

Neki lovci nestanu i nikada se ne vrate u svoje udaljene logore.

D'autres sont retrouvés la gorge arrachée, tués dans la neige.

Drugi su pronađeni s razderanim grlima, ubijeni u snijegu.

Autour de leur corps se trouvent des traces plus grandes que celles que n'importe quel loup pourrait laisser.

Oko njihovih tijela su tragovi - veći od onih koje bi mogao napraviti bilo koji vuk.

Chaque automne, les Yeehats suivent la piste de l'élan.

Svake jeseni, Yeehati prate trag losa.

Mais ils évitent une vallée avec la peur profondément gravée dans leur cœur.

Ali jednu dolinu izbjegavaju sa strahom urezanim duboko u njihova srca.

Ils disent que la vallée a été choisie par l'Esprit du Mal pour y vivre.

Kažu da je dolinu odabrao Zli Duh za svoj dom.

Et quand l'histoire est racontée, certaines femmes pleurent près du feu.

I kad se priča ispriča, neke žene plaču pokraj vatre.

Mais en été, un visiteur vient dans cette vallée tranquille et sacrée.

Ali ljeti, jedan posjetitelj dolazi u tu tihu, svetu dolinu.

Les Yeehats ne le connaissent pas et ne peuvent pas le comprendre.
Yeehati ga ne poznaju, niti bi ga mogli razumjeti.
Le loup est un grand loup, revêtu de gloire, comme aucun autre de son espèce.
Vuk je velik, odjeven u slavu, kao nijedan drugi u svojoj vrsti.
Lui seul traverse le bois vert et entre dans la clairière de la forêt.
On sam prelazi preko zelene šume i ulazi na šumsku čistinu.
Là, la poussière dorée des sacs en peau d'élan s'infiltre dans le sol.
Tamo se zlatna prašina iz vreća od losove kože probija u tlo.
L'herbe et les vieilles feuilles ont caché le jaune du soleil.
Trava i staro lišće sakrili su žutu boju od sunca.
Ici, le loup se tient en silence, réfléchissant et se souvenant.
Ovdje vuk stoji u tišini, razmišlja i sjeća se.
Il hurle une fois, longuement et tristement, avant de se retourner pour partir.
Zavija jednom - dugo i žalosno - prije nego što se okrene da ode.
Mais il n'est pas toujours seul au pays du froid et de la neige.
Ipak, nije uvijek sam u zemlji hladnoće i snijega.
Quand les longues nuits d'hiver descendent sur les basses vallées.
Kad se duge zimske noći spuste na niže doline.
Quand les loups suivent le gibier à travers le clair de lune et le gel.
Kad vukovi prate divljač kroz mjesečinu i mraz.
Puis il court en tête du peloton, sautant haut et sauvagement.
Zatim trči na čelu čopora, skačući visoko i divlje.
Sa silhouette domine les autres, sa gorge est animée par le chant.
Njegov oblik nadvisuje ostale, grlo mu je živo od pjesme.
C'est le chant du monde plus jeune, la voix de la meute.
To je pjesma mlađeg svijeta, glas čopora.
Il chante en courant, fort, libre et toujours sauvage.
Pjeva dok trči - snažan, slobodan i zauvijek divlji.

www.ingramcontent.com/pod-product-compliance
Lightning Source LLC
Chambersburg PA
CBHW011731020426
42333CB00024B/2839